JN042151

英語万華鏡

多彩なテキストから日本語との差異を意識して学ぶ

長沼登代子

中央公論新社

故 鈴木孝夫先生に

まえがき

　1933年東京生まれ。この事実は私の人生に大きな意味を持ちました。基礎的な教育を受ける時期が戦争と戦後の混乱期と完全に重なってしまったのです。小学校上級から高校卒業までほとんど勉強ができなかった、その空隙を埋めたいという焦燥感と飢餓感が、これまで私の人生を通じてずっと続いています。

　それでも、数年遅れて大学へ入学し、英語学と英文学を学びました。卒業後英語教員として教職を得、大変幸運なことに勤務校に在職中に数度の留学の機会を与えられました。理解ある上司にも恵まれ、その寛大な許可があったからこそ実現できたことを深く感謝しています。

　感謝の気持ちを表すために、留学経験とほぼ40年間の教職経験を活かし、日本で英語を学ぶより多くの方の手助けになりたい、それを本という形で残しておく義務があるのではないか、とさえ考えるようになりました。

　留学後、それまで自分が触れてきた英語が主に専門分野に偏ったものであることが心にかかり、より幅広い英語に触れるため、日本最古の英語・英文学専門の月刊誌『英語青年』の「英文解釈練習」欄に約25年間投稿を続けました。その間優れた先生方からのご指導を受けたことが、私にとって貴重な英語学習の機会になりました。なかでも16年間担当してくださった行方昭夫先生が、この雑誌の休刊後7年も経つにもかかわらず、私の投稿名を覚えていらっしゃることを知人を通して知りました。そのころ、この本を書くことを躊躇して

いたのですが、これが契機となって実現に向けての決意が固まりました。執筆中、先生の薫陶を受けた者として恥ずかしくないものにしたいという思いが終始念頭にありましたが、この思いが叶えられているか大いに不安です。

　この本は英語に関心のある高校生、大学生、英語の教職を希望している方、すでに教職に就いておられる方、久しぶりに英語を学びなおしてみようと思っている方を対象として書きました。従って日本語と英語の差異に重点が置かれています。これが本書の特徴といってよいかと思います。

　本書のテキストはなるべく多様にしたいと考えました。私の個人的な好みで8作品を選びました。結果として、英国の児童文学、エッセー、英・仏系カナダ人の対談、英米人間の往復書簡、アメリカ人の翻訳による万葉集がそろいました。従って英米語、カナダ人の英語がテキストになっています。タイトル『英語万華鏡』の由縁です。頁数に制限がありますので、それぞれの作品のごく一部しかご紹介できませんでしたが、読者の皆さんが、これを機会に各々の作品をさらに読み進めてくださることを願っています。

　テキストの配列はほぼ著者の時代順になっていますが、読者の方は興味のあるもの、読み易いものからお読みください。

　この本の構成はまずテキストである【原文】、【日本語文】【解説】に大別し、【解説】の中で【参考】として、特に注意を向けてほしい項目を入れました。そのほか【鑑賞】、各章の終わりに【第〇章の終わりに】を記しました。

　第5章には複雑な構造を含む長文もありますが、その場合【解説】の中で構造を単純なものに分析し、高校生にも理解しやすいように努めました。

　【解説】の中ではなるべく客観性を持たせるため、辞書や参考書を引用しましたが、私自身が独自の解釈を試みた部分もあります。すべて安全なことだけを採録するだけでは、この本の存在価値はなく、思い切って大胆な仮説を立ててみることが必要ではないかと考えたからです。

　単語の発音に関しては、個々の単語を扱う際に漏れたものに、アクセント記号のみを記すことに留めました。単語の英米音の差異についても、英音だけを示すに留めたものもあります。イントネーションに関してはほとんど言及しませんでした。ご容赦お願いいたします。

長沼 登代子

目次

【参考】一覧

使用した辞典

AF:『アドバンスト フェイバリット英和辞典』（東京書籍）

COBUILD: *Collins COBUILD English Dictionary*

Collins CEG: *Collins COBUILD English Grammar*

Kenkyusha: *Kenkyusha's New English-Japanese Dictionary*

LDCE: *Longman Dictionary of Contemporary English*

LDELC: *Longman Dictionary of English Language and Culture*

LDPV: *Longman Dictionary of Phrasal Verbs*

Leech: *Meaning and the English Verb*

LLA: *Longman Language Activator*

OALD: *Oxford Advanced Learner's Dictionary*

ODCIE: *Oxford Dictionary of Current Idiomatic English* Volume 1:
　　　　 Verbs with Prepositions & Particles
　　　　 Oxford Dictionary of Current Idiomatic English Volume 2:
　　　　 Phrase, Clause & Sentence Idioms

ODE: *Oxford Dictionary of English*

Quirk: *A Comprehensive Grammar of the English Language*

SWAN: *Practical English Usage, Second Edition*

プログレッシブ：『小学館プログレッシブ英和中辞典』

ランダムハウス：『小学館ランダムハウス英和大辞典』

リーダーズ：『リーダーズ英和辞典』／『リーダーズ・プラス』（研究社）

江川：江川泰一郎『英文法解説』（金子書房）

英和活用大辞典：市川繁治郎ほか編『新編英和活用大辞典』（研究社）

原著著作権一覧

第1章

イギリス児童文学　その1
『ピーターラビットのおはなし』の作者による
もう1つの物語

Beatrix Potter
The Tale of the Pie and the Patty-Pan

ビアトリクス・ポター
『パイがふたつあったおはなし』より

【 著者と引用作品について 】

　日本でもピーター・ラビットで有名なビアトリクス・ポター（Beatrix Potter, 1866-1943）の作品です。ビアトリクスは富裕な弁護士の父と、厳格な母との間に1866年ロンドンで生まれました。当時の上流階級の女子教育の習慣どおり、教育は生涯家庭で（家庭教師により）受けることになりました。幼いときから絵に才能を発揮し、両親もそれを認めてその才能を伸ばすよう助力しました。家族で夏の3カ月ほどをスコットランドの田舎で過ごすようになると、ビアトリクスは田舎を探検し、目にするものをすべて描きました。16歳のときから風光明媚な湖水地方に定期的に滞在するようになり、この地方の自然や住人の暮らしに魅了されました。

　1902年、『ピーターラビットのおはなし』（*The Tale of Peter Rabbit*）が出版され、大成功を収めた結果、莫大な収入が彼女にもたらされました。続いてそのシリーズが出版され、彼女は絵本作家としての不動の地位を得ることになりました。

　このころから彼女は農業に深い関心を持ち始め、ヒルトップ農場を買いました。ここは彼女の多くの作品に舞台を提供しています。彼女の生涯にわたる関心事、この地方の土地の自然保護はこのころ芽生えました。つまり、ナショナルトラスト（1895年設立）の活動を支持し、自分が所有する4,000エーカーに及ぶ広大な土地をナショナルトラストに委ねることを遺言し、1943年77歳でこの地でその生涯を閉じました。現在でも湖水地方、ニアソーリー村のヒルトップには世界各地から多数の観光客が訪れていますが、その中に日本人も多く含まれています。

　彼女の作品中第7作、*The Tale of the Pie and the Patty-Pan*（1905）を選んだ理由は、日常生活が描かれ、その英語表現にも普遍性があると考えたからです。本来は絵本ですが、そのテキストである英文を教材として使います。作品の冒頭から抜粋しました。便宜

上、全体を小さなセクション（**1〜4**）に分け、日本語で小見出しをつけました。

　訳書には『パイがふたつあったおはなし』（いしいももこ訳、福音館書店）があります。

1　リビイ、ダッチスをお茶に招く

　　Once upon a time there was a Pussy-cat called Ribby, who invited a little dog called Duchess, to tea.

　　"Come in good time, my dear Duchess," said Ribby's letter, "and we will have something so very nice. I am baking it in a pie-dish—a pie-dish with a pink rim. You never tasted　　5 anything so good! And *you* shall eat it all! *I* will eat muffins, my dear Duchess! " wrote Ribby.

【日本語文】

　むかしむかし、あるところにリビイという名の猫ちゃんがいました。リビイはダッチスという名のかわいい犬をお茶に招待しました。

　「時間にたっぷり余裕をもっておいでくださいね、ダッチスさん。とってもおいしいものをご一緒にいただきましょう。パイ皿に入れて、ピンクの縁取りのパイ皿ですけれど、もう焼く準備を始めているんですよ。こんなにおいしいもの、きっと召し上がったことないと思います。それにあなたが全部召し上がっても結構なんです。私はマフィンを食べますから、ご遠慮なく」とリビイは手紙に書きました。

【解　説】

1　　**Once upon a time there was a Pussy-cat called Ribby,**

Once upon a time there was (were / lived) ...

日本語では「むかしむかし、あるところに…が（住んで）いました」に当たる、物語の始まりに見られる定型文。

a Pussy-cat called Ribby, :「リビイという名の猫ちゃん」

pussy [púsi]: also pussy-cat, an informal word for a cat, used especially by or to children「pussy-catともいう。猫に対するインフォーマルな口語的語、特に子どもが使い、（おとなが）子どもに対して使う」（LDCE）

似た語にpussがあります。ついでに辞書を見ておきましょう。

puss [pús]: *informal* a name for a cat, or way of calling a cat: *Come here, puss, puss, puss!*「〈インフォーマル〉猫の名前、または猫の呼び方」「こっちへおいで、おいで、猫ちゃん！」（LDCE）

私は英語を母語とする少なくとも2人が、これと同じような文を言ったのを耳にしたことがあります。

1- **... Ribby, who invited a little dog called Duchess, to tea.**
「（リビイという名の猫ちゃんがいた）（リビイは）ダッチスという名のかわいい犬をお茶に招いた」2つの英文は主語が同じなので、関係代名詞を使って1つの文にしたものです。

① a little dog called (=named) Duchess = a little dog that was called Duchess「ダッチスという名のかわいい犬」
calledは過去分詞形で、受動態であることが分かります。関係代名詞とbe動詞が省かれ、過去分詞だけが残った形です。主格の関係代名詞とbe動詞が省かれていることが多いのは、関係代名詞とbe動詞がなくても誤解が生じないから、と考えるといいでしょう。

② 関係代名詞whoは前に置かれた先行詞（名詞、ここではRibby）の代わりに、invitedの主語として機能しています。

つまり、who（主格）をRibbyに入れ替えて、Ribby invited a little dog called Duchess, to tea.という文が成立します。

**【参考（1）：関係代名詞の制限（限定）用法と
非制限（叙述・継続）用法】**

　ここでwhoの前に置かれたカマ（comma）に注目しましょう。非制限用法の関係代名詞の前には普通カマがありますから、ここでは非制限用法が使われています。制限用法と比べてみましょう。

(a)　*He has a sister who lives in Yokohama.*

　　「彼には横浜に住む姉がいます」

　1人の姉のことを言っているので、ほかにも姉がいるかいないかについては述べていない。（制限用法）

(b)　*He has a sister, who lives in Yokohama.*

　　「彼には姉が1人いて、横浜に住んでいます」

　姉は1人しかいない。（非制限用法）

　(a)では横浜に住む姉のことを、暗黙の裡にほかの姉と区別しているのが特徴ですが、(b)では区別する必要はありません。

　リビイの場合も名前（固有名詞）で、ほかのリビイと区別する必要はありません。

---

③ invited a little dog (called Duchess), to tea.

　　〈invite＋人＋to〜〉：「人を〜に招く」（すでにお気づきと思いますが、この物語の動物はすべて擬人化されています）

④ tea: *BrE* a) a very small meal of cake or biscuits, eaten in the afternoon with a cup of tea（LDCE）（*BrE*〈British English〉はイギリス英語、*AmE*〈American English〉はアメリカ英語の省略記号。以降〈英〉、〈米〉の略号で示します）

　　「〈英〉午後に紅茶と一緒にとる、ケーキやビスケットからな

る軽食」cf. pp.16-17【参考（9）：meal について】〔cf. とは
confer〈ラテン語〉の略語＝（…を）参照せよ、（…と）比較
せよ compare、の意味です〕

⑤ a little dog:「かわいらしい犬」 cf. 猫の pussy（幼児語）に
相当するのは、犬の doggy, doggie「わんわん」「わんちゃん」

【 参考（2）：形容詞 little 】

a) little という形容詞は感情のこもった形容詞です。サイズのこ
とだけを言いたければ small という形容詞があります。LDCE で
little を引いてみますと、USAGE NOTE:「語法に関する注意」と
いう欄のもとで以下の解説があります。

little often suggests that you are talking about someone or
something small that you are fond of or feel sympathetic
towards「little を小さな人や物について使うと、その人や物をあ
なたが好きで共感できることを示唆することがよくある」 *What
a sweet little dog! | A little old lady lived in the house opposite.*
「なんてかわいい犬なの！」「向かいの家には愛らしい老婦人が
住んでいました」

b) ダッチスを指して使われている 'a (the) little dog' という句を、
作品全体から抜き出してみました。5例あり、そのすべてに dog
には little という形容詞が付いていました。また別の例では he
saw Duchess's little black nose peeping round the corner. と、
ダッチスの鼻にまで little が使われているほどです。このように、
little が、ダッチスの描写には不可欠の形容詞として dog とセッ
トになって使われているのは興味深く思われます。

---

⑥ Dúchess: duke（公爵）という語の女性形「公爵夫人」。よって、
この犬が雌であることが分かります。-ess の語尾は女性形を

示します。

prince/princess, host/hostess, actor/actress

3- **"Come in good time, my dear Duchess," said Ribby's letter.**

① リビイの書いたことばをそのまま伝える直接話法の文です。

② ここのcomeの後のinは前置詞。comeとではなく、後の語とつながって、in good time「余裕を残して、早めに」となります。in timeは成句で「間に合って、遅れずに」の意。ここでは、timeが形容詞goodで修飾されて「十分時間をとって」の意。読み方もin good timeをひと息に発音します。つまり、英文を読むときは、意味を考え（inがtimeとつながるか、comeとつながるか、決定し）ながら読むことが要求されます。

【参考（3）：inは前置詞か副詞か】

〈前置詞＋名詞〉の関係を「前置詞は目的語をとる」と言います。前置詞とは「名詞の前に置かれる語」と定義してもよいでしょう。前置詞inと同じ形の副詞inがありますが、副詞であれば、動詞の後について動詞を修飾します。この文でinが前置詞なら、in good timeという成句をつくり、副詞ならcome in（お入りなさい）とつながります。意味から考えて、inは明らかにtimeとつながる前置詞であることが分かります。

---

③ 動詞の原形（come）が、文頭に来た場合は命令形。ここは「余裕を持っておいでください」の意。命令形は重要な形なのに、それに気づかずに読み過ごしてしまうことが多いので注意が必要です。

少し離れていますが「命令形＋and（or）」の形にも気づいてほしいですね。「〜しなさい。そうすれば…（さもなければ…）」

とつながります。実質的には条件を示しています。「早めにい
らしてくださいね。そうすればとてもおいしいものをご一緒に
いただきましょう」

④ my dear Duchess, : 呼びかけの表現。myは親しみなどを表す。

【参考 (4)：〈日・英語の比較〉呼びかけ語 】

　英語の会話（または親しい友人間の手紙）では、呼びかけ語（多
くは、話し相手の名前）の使用頻度が日本語に比べて圧倒的に
高いことが特徴です。この物語を読んでいる間、いつもそれを
意識してください。いかに多く使われるかが実感できます。日
本語では「呼びかけ」の習慣が英語ほどないので、和訳すると
きに英文にある呼びかけをそのたびに繰り返して訳すと、日本
語文としては不自然に感じられる場合があるかもしれません。

　ただし、小説などでは著者が意図的に呼びかけ語を頻発し、
効果を上げている例もあり、その場合はもちろん和訳が必要に
なります。

**【参考 (5)：〈日・英語の比較〉文ごとに主語が繰り返される
　　英文 】**

　英語では、主語が文の構造上大切な役割を果たしているので、
原則として文ごとに主語を置きます。日本語では、主語は必要
なときしか使いません。和訳するとき、なるべく英語の主語を
省略すれば日本語らしい文になります。つまり、主語に関して
英語は、redundant（過剰的）であるという特徴を持っている
と言えますし、日本語は英語に比べて効率の高い言語と言えます。
このことは次に扱われる〈主語＋伝達動詞〉あるいは〈伝達動
詞＋主語〉にも当てはまります。

【参考（6）：〈日・英語の比較〉直接話法の伝達文：
主語＋伝達動詞／伝達動詞＋主語（倒置）】

　3行目から始まり、7行目で終わる直接話法の引用符と伝達文に注目してください。直接話法が使われているのはリビイの手紙の引用部分です。引用符の外にある2つの伝達動詞＋主語、said Ribby's letter, と wrote Ribby. では倒置（主語（S）＋動詞（V）の語順が逆になっている）が見られます。固有名詞が主語のときは倒置が多く、代名詞が主語のときは倒置が起こっていません（cf. p.18 5-①）。どこまでがリビイの手紙のことば（伝達文）か、引用符に注目してしっかり見分けましょう。日本語の直接話法にはこのように厳密な型がありませんね。通例ことば遣いで上下関係や性別などが分かり、だれが言ったか示す必要がないからでしょう。

　もちろん英語でも、文脈から話し手が明らかな場合には省略が可能です。

---

⑤ said Ribby's letter,

　sayは人が「言う、述べる」のほかに、「（時計・地図・暦などが）示す」、「（新聞・書物・手紙などが）表示する、示す」ときにも用いられます。

4　**and we will have something so very nice.**

　① このweは自分と相手を含めて複数形を使っているのですから、willに「提案」の意味が生じるのも当然です。let's（＝ let us（1人称複数目的格））…が「…しましょう」という提案や勧誘を表すのと同じです。このweの用法はinclusive（包括の）weと言い、聞き手を含めないexclusive（除外の）weと区別されます。後者の例：*We're going to a drink, would you like to come with us?*「飲みに行くところなんです。ご一緒にいかが

ですか」

② *Let's go for a walk, shall we?*「散歩に出かけましょう」の文では let's の 's = us（目的格）が付加疑問の場合、we（主格）となって出てきますね。we（主格）、our（所有格）、us（目的格）の人称代名詞の格変化形もここで整理しておきましょう。

③ have = eat　5、6行目の taste, eat と3種の同意語が出てきます。同一の語を繰り返すことを避けるのが英語の特徴の1つです。

④ something は、anything、nothing と共に、後位修飾（修飾語を名詞の後位に置く）という特徴があります。*nice something ではなく、something nice、something warm などが文法的な配列です。（*は非文法的であることを示します）

⑤ so は強意の副詞。very も、形容詞 nice を修飾（強調）する副詞。「強意の意味をさらに強めるために so very, ever so を用いる」（プログレッシブ）

4- **I am baking it in a pie-dish—a pie-dish with a pink rim.**

① おなじみの現在進行形が使われています。しかし、ここでは bake「オーヴンで焼く」という動作が現在進行しているわけではありません。その動作はお客が来ることが分かってから行われるはずです。この現在進行形は〈現在の計画の結果として予想される未来〉について使われています。リビイはすでにパイ作りのために必要な準備を始めていることが分かります。

類例：*Denis is buying me a new coat for my birthday.*（Leech p.33）「デニスは相当前から私の誕生日に贈るコートを検討し、下見したりしている」という含意を汲みとってください。

② (dash) ダッシュ（—）が使われています。a pie-dish と言っておいて、後からどんな pie-dish か、つまり、パイ皿についての情報を「ピンクの縁取りのパイ皿」だと付け足している

のです。ここでのdashの機能は〈情報の付け足し〉です。cf. pp.31-32【参考 (15)：ダッシュ (─)】

5- **You never tasted anything so good!**

① 〈never＋過去形〉を用いたこの文は、現在完了形を用いた You have never tasted anything so good! と同じ意味です。「こんなおいしいもの、今までに召し上がったことありませんよ」

② anythingの後に続く修飾語句 so good（形容詞の後置）に注目。somethingも同様でした。p.10 *4* ④の解説も思い出せるといいですね。

③ so（副詞）はgoodを強調。

6 **And *you* shall eat it all! *I* will eat muffins,**

① *you*と*I*がイタリック体になっていることに注目。対照の強調のためのイタリック体ですから、2つの語には、〈強調のストレス〉を置いて発音します。

【 **参考 (7)：強調のストレス** 】

　会話の中で特に強調したい語には強調のストレスが置かれます。書物の中では強調したい語をイタリック体で示したり、強意の助動詞doを使うことで示したりします。ほかの語に比べて、声を大きく、高く、母音を長く発音し、強調したい語の前でひと呼吸置きます。

---

② shallとwillは法助動詞です cf. pp.22-23【参考 (11)】。ここでの shall（2・3人称）はあまり頻繁には使われません。〈2人称・3人称（you, he, she, it）＋shall〉では、話し手（ここではリビイ）の意志が示されます。「あなたがぜーんぶ召し上がってください。（その場合）私（のほう）はマフィンを食べますからね（ご心配無用です）」といったニュアンスです。これに

比べて〈1人称＋will（I will）〉は頻度が高く、主語の意志を
示します。

【 参考 (8)：名詞の前に置かれる限定詞 】

　ここで**1**の英文のなかのすべての名詞を取り上げ、その前に
何が付いているか、何が付いていないか調べてみます。

① once upon a time	成句	
② a Pussy-cat	冠詞：a	
③ Ribby	ゼロ（固有名詞）	
④ a little dog	冠詞：a	
⑤ Duchess	ゼロ（固有名詞）	
⑥ tea	ゼロ（不可算名詞）	
⑦ in good time	成句	
⑧ my (dear) Duchess	代名詞所有格	
⑨ Ribby's letter	固有名詞所有格：'s	
⑩ something/anything	ゼロ（代名詞）	
⑪ it	ゼロ（代名詞）	
⑫ a pie-dish	冠詞：a	
⑬ a pink rim	冠詞：a	
⑭ muffins	ゼロ（可算名詞複数形）	

①⑦　たまたま同じtimeという名詞ですが、冠詞が付いたりゼ
　　　ロだったりしています。これらは成句（決まり文句）で
　　　すから、冠詞について詮索する必要はありません。

②④⑫⑬　不定冠詞：a

③⑤　固有名詞（名前）

⑥　　不可算名詞

⑧⑨　代名詞所有格と所有格を示す's

⑩⑪　代名詞

⑭　a muffin の複数形

　偶然、冠詞としてだれでも知っている定冠詞theと不定冠詞
anの例がありませんでしたが、上例で分かったことは名詞の前
には固有名詞、代名詞、不可算名詞、可算名詞複数形、成句を
除いて、不定冠詞、代名詞所有格、名詞の所有格を示す'sが付
くということでした。これだけでもかなり重要な知識です。こ
れらの語は限定詞（determiners）と呼ばれています。これから
も英文を読むときにこの点をぜひ確認してみてください。作文
にも大いに役立ちます。

　冠詞theとanを含んだ文がセクション2の冒頭にありますので、
p.14 1で扱います。

2　ダッチス、返事を書く

　　Duchess read the letter and wrote an answer:—"I will
come with much pleasure at a quarter past four. But it is very
strange. *I* was just going to invite you to come here, to supper,
my dear Ribby, to eat something *most delicious*.

　　"I will come very punctually, my dear Ribby," wrote　　5
Duchess; and then at the end she added—"I hope it isn't
mouse?"

　　And then she thought that did not look quite polite; so
she scratched out "isn't mouse" and changed it to "I hope it
will be fine," and she gave her letter to the postman.　　　10

【日本語文】

　ダッチスは手紙を読んで、返事を書きました。「喜んで4時15分にお邪魔します。でも、とっても不思議なんです。私のほうも、ちょうどあなたをこちらへ夕食にお招きしようと思っていたところなんですよ、リビイさん。飛び切りおいしいものを食べていただこうと思ってね」

　「時間ぴったりに参りますね」とダッチスは書きましたが、そのあと、手紙の結びに、「ネズミ肉入りじゃないとうれしいんですが」と付け加えました。

　でも、書いたあとで、こんなこと言うのは、あまり礼儀にかなったことではないようだと考えました。だから「ネズミ肉入りじゃないと」という部分を消し、「お天気がいいとうれしいんですが」と替え、郵便屋さんにその手紙を渡しました。

【解　説】

1　**Duchess read the letter and wrote an answer:—**
　　readは、ここでは過去形です。音読するときには、正しく [réd] と発音しているか、要チェックです。

　　the letterはすでにp.3「原文」*3-4*で読者に紹介されているRibby's letterを指しています。〈前出の名詞を指す〉ことがtheの用法の1つです。

　　an answerは初出なので不定冠詞。〈発音が母音で始まる語に用いられるan〉が使われています。

1-　**I will come with much pleasure at a quarter past four.**
　　「喜んで4時15分に伺います」
　　① 動詞のcomeが、意味上、すぐ隣の語とつながらない、と素早く判断し、以下の語句、with much pleasureを1つのつながりととらえ、挿入句としてかっこ内に入れるつもりで読みま

す。with pleasure「喜んで」は成句で、muchは強調。

② comeは「(こちらから相手のほうへ) 行く」という意味です。日本語で「行く」と言いますが、英語ではgoではなく、相手の立場から見てcomeを使います。たとえば、お母さんが、階下から2階にいる自分を呼んだとき、「いま行きます」は"*I'm coming.*"となります。

③ a quarter:「4分の1」という単位は日本人にはなじみが薄いのですが、日本語でも25年の意味で「四半世紀」、3カ月の意味で「四半期」などの表現が最近よく使われるようになってきました。a quarterは英語で特に時間を示すときに用いられます。日本では15分を1時間の4分の1とか、45分を1時間の4分の3という単位で時間を計ることはありません。米国・カナダにはquarterと呼ばれる25セント硬貨もあります。

3　*I was just going to invite you to come here, to supper,*
「私もね、ちょうどあなたを夕食にお招きしようと思っていたところなんですよ」

① *I*はイタリック体。あなた同様、「私も」という強調です。cf. p.11 *6*

② 〈be going + to不定詞〉は話し手の強い意図を示し、「近いうちに…するつもりである、しようと思っている」の意味を持ちます。しかし、過去形で用いるとなんらかの事情(ここではリビイが招いてくれた)があってそのことが実現しなかったことを示します。

③ justは副詞、「今ちょうど…しようとしているところ」

④ invite you to come here, to supper:「こちら(私の家)へ夕食に来てくださるよう招く」〈invite + 人 + to不定詞 + to 〜〉cf. p.5 *1*-③

⑤ supper:「夕食」cf.次頁【参考 (9):mealについて】

【参考 (9)：meal について】

　まず、イギリス英語では食事の名前に地域差・社会階層差があることに留意してください。

　pp.5-6 *1-④* で扱った LDCE の tea: a) の定義に加えて、b) の定義、そしてここで扱う supper の定義を以下に並べてみます。

tea: *BrE*　a) a very small meal of cake or biscuits, eaten in the
　　　　　afternoon with a cup of tea

　　　　b) a large meal that is eaten early in the evening in
　　　　　some parts of Britain

supper: the last meal of the evening

　ついでに LDCE のなかで meal で定義されているほかの食事についても調べてみます。

high tea: *BrE* a meal of cold food, cakes etc eaten in the early
　　　　　evening（注：cold food is cooked but not eaten hot）

breakfast: the meal you have in the morning

lunch: a meal eaten in the middle of the day

dinner: the main meal of the day, eaten in the middle of the
　　　　day or the evening

　以上の定義を見ると supper, breakfast, lunch, dinner に関しては *BrE* の表示がないので、英米共通だと考えられます。tea と high tea に関しては *BrE* という表示がありますので、イギリス独特の文化と考えてよいでしょう。

　ここで問題にしたいのは、この物語の中でリビイがダッチスを招待した tea とダッチスがリビイを招待したいと思っていた supper にはその内容と時間に関してあまり差異がないのではないかと考えられることです。どちらも食べる内容はパイと（マフィンと）お茶、食べる時間もリビイの場合4時15分ですし、ダッチスの場合は supper（一日の最後の食事）ですが、やはり同じ

16

ような時間にとる可能性が大きいと思われます。つまり、tea
とsupperは意味が重なっている（同じものを指している部分が
ある）のではないかと考えられます。

第2章 pp.45-46【参考（4）】にも、第4章 p.129 6-③にもtea
が出てきますのでぜひ参照してください。

もう1つ、dinnerについて私のイギリス留学時（1973-75）の
経験を述べます。

北ウェールズの大学では寮に入っていましたが、日曜の昼だ
けは大学の大食堂へ集まってdinnerを食べました。お給仕をす
る人たちがお料理を運んでくれました。食堂の上手には一段高
くなっている壇の上にhightable（*BrE* the table where the most
important people at a formal occasion sit—（LDCE）AFでは
《英》（一段高い）主賓席（特に大学の食堂で学長・教授陣・来
賓が座る席））があって、教授たちや学生も数人ずつ割り当てら
れて座りました。

また、2度のクリスマス休暇をアイルランドの友人Ericaの家
で過ごしました。クリスマスの日にはごちそうが並んだChristmas
dinnerを昼に食べたことは忘れられない思い出です。

そのほか、日本に留学したアメリカ人の友人が私の家で一緒
に暮らしたことがありました。そのとき感じたのは、内容が何
であれ、たとえば塩焼きの魚やお茶漬けであっても、夕食は
dinnerだったということです。

4　**to eat something *most delícious.***
　① イタリック体は強調。mostはveryと同じ意味で、比較の対象
　　なしに使われる〈絶対最上級〉です。
　②〈something＋形容詞〉（修飾語）（後置に注意。cf. p.10 4 ④
　③ 閉じる引用符記号 ” がここで省略されていることに注意。引

用が1パラグラフ以上にわたるとき、初めのパラグラフの終わりでは閉じる符号が省略され、新しいパラグラフの始まりには再び開始の符号 " が付けられ、すべての引用が終わったときにはじめて閉じる符号が付けられます。

5- **"...," wrote Duchess; and then ... she ádded—**

① ここの主語と伝達動詞の語順に注目しましょう。一方は主語が固有名詞（Duchess）、他方は主語は代名詞（she）です。固有名詞の場合は倒置が起きています（wrote Duchess）が、代名詞の場合は〈主語＋伝達動詞〉（she added）の語順で倒置は起きていません。つまり、主語が固有名詞の場合は倒置が起きやすく、代名詞の場合はそうでないことが分かります。p.9の【参考（6）】で1・3-7行目のV＋S（倒置）の例を検討しましたが、ここで同じ型が繰り返されているのを確認してください。

② and then:「それから」（プログレッシブ）　8行目文頭にも同じ句があります。

③ at the end = at the end of her letter

6- **I hope it isn't mouse?**

① 〈I hope ＋ 名詞節〉では、節中では未来のことを述べていますが、現在形の動詞も使われます。I hope は節の内容が話し手や相手にとって望ましい内容を表します。そうでないときはI'm afraid〈インフォーマル〉や、I fear〈フォーマル（公式的）〉「残念ながら…である」を用います。（AF）

② 疑問文ではなく、平叙文なのに疑問符（?）が付いているのは語調をやわらげる「ためらいの気持ち」を示しています。上昇調のイントネーションで読みます。

③ mouse に冠詞が付いていないことに注意が必要です。冠詞には定冠詞（the）と不定冠詞（a, an）があるのはもうご存じの

ことですが、これに並んで無冠詞（何も付かない）があることは、気づきにくく、そのために難しさがあります。

【参考（10）：3種類の冠詞】

　英語では文中の名詞に、ふつう次の3種の冠詞が付くと考えられます。なお、pp.12-13の【参考（8）：名詞の前に置かれる限定詞】も参考にしてください。

①不定冠詞 a/an：不定の単数可算名詞にはa、発音が母音で始まる語にはanが付きます。

②定冠詞 the：定名詞（単／複問わず）に付きます。

③無冠詞：不可算名詞（物質名詞）の場合には無冠詞というゼロ冠詞が付くと考えます。

　ここのmouseはまさに無冠詞の不可算名詞として扱われています。もし、a mouseとあれば、ネズミ1匹を表します。いくら猫のリビイにしても、まさかパイに1匹そのままの形で入れるわけではありません。肉に加工してしまえば1匹としての輪郭を失い、不可算名詞に変わります。ネズミの肉入りパイであることは後を読むとはっきりします。従って、I hope it isn't mouse? は無冠詞ですから、「ネズミ肉入りパイでないことを希望します」の意になります。詳しくはAFのa、an、theそれぞれの項を参照してください。

8　**And then she thought that did not look quite polite;**

① she thought (that) that did not ...　接続詞thatが省略されています。他動詞の目的語として動詞の直後にある場合は省略されることが多いようです。（AF）

② that did not look quite políte;

　ⓐ thatは指示代名詞。lookの主語です。

ⓑ lookはSVCの文型で使われる典型的な動詞。Cは形容詞 polite。「それはあまり礼儀正しくは見えない」

ⓒ not quite = not completely: not exactly 部分否定で「完全に…ではない」「あまり…ではない」

9- **"I hope it will be fine,"**

① 6行目からの文I hope it isn't mouse?では話し手にとって望ましいことを願っていますが、この文では相手にも望ましいものとしてI hope ...が使われています。相手に失礼にならない、当たり障りのない文に替えたのです。

② itは主語として天候を表し、日本語には訳しません。

3 ダッチス、策を練る

But she thought a great deal about Ribby's pie, and she read Ribby's letter over and over again.

"I am dreadfully afraid it *will* be mouse!" said Duchess to herself —"I really couldn't, *couldn't* eat mouse pie. And I shall have to eat it, because it is a party. And *my* pie was going 5 to be veal and ham. A pink and white pie-dish! and so is mine; just like Ribby's dishes; they were both bought at Tabitha Twitchit's."

【日本語文】

　しかし、ダッチスはリビイのパイのことをじっくりと考え、リビイの手紙を何回も何回も読み返しました。

　「ああ、ぞっとする。きっとネズミ肉入りにちがいないわ」と考えました。「ああ、ほんとにだめ、ネズミ肉入りパイなんてどうしても

20

食べられない。でも、食べなきゃいけないのよ。パーティのおもてなしだもの。それに比べて、私のパイときたら、子牛肉とハム入りなのよ。そうだ、ピンクと白のパイ皿って書いてあったわね。私のパイ皿も同じ。リビイのお皿と全く同じ。どっちもタビサ・トゥイチットさんのお店で買ったんだから」

【解説】

1 **she thought a great deal about Ribby's pie,**

a great dealは副詞句。2語以上（＝句）で副詞の役割を果たし、thoughtを修飾。「大いに考えた」の意味になります。
thought about ...とつながり、「…について考えた」
副詞句はかっこ内に入れて考えます。

1- **she read Ribby's letter over and over again.**

over and over again:「何度も繰り返して」これは慣用句。動詞readを修飾している副詞句。

3 **"I am dreadfully afraid it *will* be mouse!"**

① I hopeの項（p.18 6-①）ですでに述べましたが、I'm (＝I am) afraidの後の節では話し手や相手に好ましくないことを表しています。「残念ながら…ではないかと思う」

② itはリビイが自分に食べさせようとしているパイ。

③ *will*のイタリック体は強調。話し手（ダッチス）の推測「きっと」に当たり、可能性が高いことを示します。「ああ恐ろしい。きっとネズミ肉入りだわ」

3- **said Duchess to herself:**「ダッチスは（心の中で）考えた」「自分の心に言いきかせた」cf. 江川、§21、A33 If you say something to yourself, you think it (COBUILD)

4 **—I really couldn't, *couldn't* eat mouse pie.**

「（もしネズミ肉入りパイだったら、）私ぜったい食べられないわ」

① ダッシュについては後述。

② 法助動詞couldが使われています。couldn'tは可能性の否定。イタリック体で強調されています。仮定法過去の文ですが、仮定の節はなく主節だけで成り立っています。

【 参考 (11)：3つの法と法助動詞could—仮定法過去 】

英語の動詞の語形に関して3つの**法**があると考えられます。ある事柄を①事実として述べる直説法

②命令として述べる命令法

③話し手が心の中で考えた仮定として述べる仮定法

①が事実を述べているのに対して②③は事実を述べていないことに注目してください。

①の例文として、冒頭の... there **was** a Pussy-cat called Ribby, who **invited** a little dog called Duchess, to tea.の動詞の語形はどちらも直説法過去形です。

②の例文としては "**Come** in good time, my dear Duchess," 動詞はいつも原形です。

③については法助動詞が関わってきます。

文法的に過去形（could）が使われていても、ダッチスがこの発言をしている時点で、過去のことに言及しているわけではありません。「食べられなかった」という過去の事実は生じていないからです。ここでダッチスの想像の世界（心の中で考えたこと）を推量してみましょう。「もし、ネズミ肉入りパイだったら（その可能性は十分ある）、私、そんなもの、ぜったい食べないわ」という気持です。前半の、ふつうif節で表す仮定（理論的な可能性）を述べる部分が省略されていると考えます。前半の部分がなくても、帰結節（文）のcouldn'tから前半の省略部分が推測できます。事実を述べているのではなく、ダッチス

の想像の世界を述べていることを示しているのはこの couldn't にほかなりません。文法ではこの種の文は**仮定法過去**と呼ばれ、未来に関して可能性のあることを仮定するとき、主節（仮定の節がないときは、主文）として使われます。この種の助動詞（ここでは could）は**法助動詞**と呼ばれ、その用法は大変重要かつ興味深い〔法〕という分野を展開します。法助動詞には can, could, may, might, will, would, shall〈主に英〉, should, must, ought などがあります。なお、文法用語として、〔時制（tense）〕は文法上の抽象的な時間を問題にしますが、〔時間（time）〕は現実的、具体的な時間を示します。

③ mouse pie は無冠詞です。

4- **And I shall have to eat it, because it is a party.**

「それに（出されたら）それを食べなくちゃならないわ、パーティなんだから」

① shall have to[hǽftə]は未来の義務「〜しなければならない」を表します。「パーティでは出されたものは食べなくてはならない（礼儀に反する）」というダッチスの判断を示しています。同じ義務を表す must（法助動詞）は、ここでは shall（法助動詞）と重ねて用いることはできません。

②「have to は通例話し手以外の人の客観的状況に基づく義務・必要を表す」「must は話し手の主観や思い込みに基づく義務・必要を表す」（AF）

5- **And *my* pie was going to be veal and ham.**

① この And は意味深長です。「それに引き換え」という意味。

② *my*　イタリック体に注意。強調のストレスを付けて読みましょう。「私のパイときたら、（Ribby's（リビイの）ネズミ肉入りとは大違い、）子牛肉とハム入りなんだから」

③ *my* pie was going to（3人称主語）の〈be going + to不定詞〉は、話し手の予定、計画、意図を表します。「私のパイは子牛肉とハムを入れて、焼くばかりに準備されていた」 ここでは過去形が使われているので、実際は焼かなかったことを表しています。cf. p.15 *3* ②

6 **A pink and white pie-dish! and so is mine;**

①「ピンクと白のパイ皿」を使っているとリビイが手紙に書いているのを、ダッチスはここで思い出します。「そうだ、私のと同じ色のパイ皿だわ」 2人が同じ模様のパイ皿を持っていることは物語の展開の重要な鍵となっています。ちなみに、先に読んだ、リビイの手紙（p.3「原文」5行目）の中では'a pie-dish with a pink rim'と書かれています。

② so is míne = mine (my pie-dish) is pink and white tooであり、soは前述部分（A pink and white pie-dish!）を受ける〈代用のso〉。この用法では（soが動詞の前に置かれ）倒置（V + S）が起こり、最後にくる代名詞（mine）に強勢が置かれます。

7- **they were both bought at Tábitha Twítchit's.**
「2枚のお皿は両方ともタビサ・トゥイチットの店で買われた」
受動態が使われているのは、前文からのつながりでパイ皿に焦点があるからです。

【参考（12）：アポストロフィ（apóstrophe）(')の用法】
主に3種類に分類されます。

(1) 省略符号（can't＝cannot, it's＝it is/has, I'd＝I would/had, who's＝who is/has）（縮約形で失われた〈省略された〉文字の場所を示す）

(2) 所有格符号（*the girl's father, Paul's wife, children's room, three minutes' walk, Dickens's novels*）

（3）複数符号（*There are a lot of if's. He wrote b's instead of d's. It happened in the early 1960's.*）

（2）の所有格符号には、名詞なしの所有格の用法があります。たとえば、個人の家、店、会社、教会など、名詞を続けなくても分かる場合です。*We had a nice time at John and Susan's last night.*「私たちは昨夜はジョンとスーザンの家で楽しい時を過ごした」*I bought it at Smith's.*「スミス商店（W. H. Smith and Son (Holdings) Ltd.の略、英国の大型チェーンストアで、本、新聞、文房具などを売っている）でそれを買った」*They married at St. Paul's.*「2人はセントポール教会で結婚した」

4　ダッチス、名案を思いつく

Duchess went into her larder and took the pie off a shelf and looked at it.

"It is all ready to put into the oven. Such lovely pie-crust; and I put in a little tin patty-pan to hold up the crust; and I made a hole in the middle with a fork to let out the steam— *5* Oh I do wish I could eat my own pie, instead of a pie made of mouse!"

Duchess considered and considered and read Ribby's letter again— "A pink and white pie-dish—and *you* shall eat it *all*. 'You' means me—then Ribby is not going to even taste *10* the pie herself? A pink and white pie-dish! Ribby is sure to go out to buy the muffins .... Oh what a good idea! Why shouldn't I rush along and put my pie into Ribby's oven when Ribby isn't there?"

【日本語文】

　ダッチスは貯蔵室へ入って棚からパイを下ろし、よく見ました。

　「オーヴンに入れさえすればいい状態に準備ができているのよ。この見るからにおいしそうなパイ皮。それを盛り上げるために小さな錫製パティパンを入れておいたわ。蒸気が抜けるように真ん中にフォークで穴を1つ開けておいたし。あーあ、自分のパイが食べられたらどんなにいいかしら、ネズミ肉入りじゃなくて。ぜひそう願いたいものだわ」

　ダッチスは思案に思案を重ねたあと、またリビイの手紙を読み返しました。「ピンクと白のパイ皿。あなた全部召し上がってね。『あなた』とは私のこと。すると、リビイは自分のパイの味見さえしないということかな？　ピンクと白のパイ皿ですって（私と同じパイ皿よ）。リビイは必ずマフィンを買いに行くはず……ああ、なんてすてきなこと思いついたのかしら。大急ぎで走って行ってリビイの留守中に私のパイをリビイのオーヴンに入れておくことにするわ」

　ダッチスは自分の賢さに至極ご満悦でした！

【解 説】

1　**Duchess went into her larder ...**

　larder:「食料品貯蔵室」　古い（ポターの時代の）イギリス英語。現在はpantryを使います。

3　**It is all ready to put into the oven.**

　① allは強調の副詞で、ready（形容詞）を修飾。

　②〈be ready + to不定詞〉は「…する準備が整っている」

　③ oven [ʌ́vn] の発音に注意。同じ音 [ʌ]の、日本語にもなっているカタカナ語に money [mʌ́ni]、monkey [mʌ́ŋki]、onion [ʌ́njən]

などがあるので、注意しましょう。

3行目から7行目までの引用符の中はすべてダッチスの独白です。

3- **Such lovely pie-crust; and I put in a little tin patty-pan to hold up the crust;**

① crust:「パイの上の外皮」

② I put in a little tin patty-pan ... :「小型の錫製のパティパンを1つ（パイの）なかに入れた」

ⓐ putは過去形です。

ⓑ patty-pan　2つの名詞をハイフンで結んだ合成語ですが、2つの語の間には「patty（パテ、小型のミートパイ）を作るために使うpan（鍋）」という関係があると考えられます。

patty: *BrE dialect* a pasty（LDCE）「〈英方言〉pasty」　AFには、pasty[pǽstì]の項に「(英)【料理】パスティ（肉・野菜・チーズなどを入れた小型のパイ）」という説明がありました。

【 参考（13）：patty-pan 】

　patty-panにはこの文脈にふさわしい意味が辞書では見つかりません。このpanはtin（錫、ブリキ）製で小型のものであることが文章から分かります。この料理用具はこの物語では重要な役割を果たしていて、原著には2か所にそれらしい形の絵が見えます。また、'a large tin patty-pan with a sharp scalloped edge'「波形模様で縁取りされた大きな錫製パティパン」という記述もあり、ダッチスは自分のパイを焼くときはこの用具をパイの中に入れて、おいしい外皮を盛り上がらせるために使っています。リビイはネズミ肉入りパイを焼くのにその用具は使わないと言っています。物語ではこの用具が入っているのがダッチスの子牛肉とハム入りパイである重要な印となっています。

4- **I made a hole in the middle with a fork to let out the steam—**

「蒸気を逃すためにフォークで真ん中に穴を1つ開けた」

この文の構成要素は made a hole、in the middle、with a fork、to let out the steam の4つであることを理解すれば意味は明らかです。

5- **—Oh I dó wish I could eat my own pie,**

① ダッシュについては後述。

② I wish I could ... は「…できたらいいなあ」という、現在において実現しがたい願望を示す〈仮定法過去〉の定型表現。wish に述語動詞を強調する助動詞 do が付いています。do には強調のストレスを付けて I dó [duː] wish と発音します。「どうか、お願いだから…できますように」cf. p.11【参考 (7)】

8- **Duchess considered and considered and read Ribby's letter again—"A pink and white pie-dish—and *you* shall eat it *all*. 'You' means me—then Ribby is not going to even taste the pie herself?**

① consídered: 自動詞「熟慮した」

② ここにはダッシュが3回使われています。ダッシュについてはまとめて後述します。

③ 9行目から14行目までの引用符の中はダッチスの独白です。

　ダッチスの論理構成過程：

　　ⓐ ピンクと白のパイ皿（私も同じパイ皿を使っている）

　　ⓑ リビイのパイは私が全部食べる。リビイは口にしない（私

の食べるパイの内容はリビイには気づかれない）

ⓒ リビイはマフィンを食べる

ⓓ リビイのパイ皿と同じパイ皿だから（交換してもリビイに気づかれない）

ⓔ リビイはマフィンを必ず買いに行く。留守の間にリビイのオーヴンに私のパイ皿を入れて交換しておこう

10- **'You' means me—then Ribby is not going to even taste the pie herself?**

① リビイの手紙を読み返している状況を考えましょう。「（リビイが）'you'と書いているのは「私（ダッチス）」のこと」

② then Ribby is not going to even taste the pie herself?

　ⓐ 〈be going + to不定詞〉は主語リビイの意志に関係がない。「それじゃリビイは食べてみもしないのかしら？」cf. pp.32-33【参考（16）】

　ⓑ 平叙文に疑問符（?）を付け、話し手（ダッチス）のいぶかしい、疑わしい気持ちを表しています。cf. p.18 6-②

　ⓒ herself「リビイ自身は」再帰代名詞の強調用法。

11- **Ribby is sure to go out ...** = I am sure that she will go out ....
「リビイは必ず外出するはずだと私は思う」

〈be sure + to不定詞〉では、主語ではなく、話し手（私）の確信を表していることを確認してください。重要なポイントです。

12- **Why shouldn't I rush along and put my pie into Ribby's oven when Ribby isn't there?**

① Why shouldn't (I) ...?は定型表現。「（主語が）…しちゃいけないという理由はあるか？　いやない。…してもいいのだ」という、反語的表現です。

② rushとputが述語動詞（原形）。

③ put + 物 + into 〜：「〜のなかに物を入れる」

④ when Ribby isn't there　時を表す副詞節です。未来のことを
　　述べていますが、現在形を使うのが規則です。

4の文中で引用符の付いた2か所の直接話法では、「だれが言った
か」が明らか（どちらもダッチスの独白です）なので、伝達者（主
語）も伝達動詞も示されていません。

15　**Duchess was quite delíghted with her own cléverness!**
　　〈be (quite) delighted with ...〉：「…が（とても）うれしい」

【参考（14）：副詞 quite 】

　quite はとても微妙な副詞。英和辞書の記述も複雑を極めて
います。

　ここで行方昭夫著『英文快読術』（岩波書店　1994；pp.
28-29）にあるエピソードを紹介します。ある英国人が講演をした
あとで、聴衆の1人の日本人が近寄ってきて、'Your lecture was
quite interesting.' と言ったので、英国人は「思わずむっとしたが、
…この日本人が私に嫌味を言うはずはない、と自分に言い聞か
せた。それに日本人にとってはquite も very も同じなのだろう」
と考えたと記述されています。

　私たちはその意図もないのに相手を「むっとさせる」ような
英語を話すのはなるべく避けたいものです。

　「good, interesting といった、程度に段階があるような (gradable)
語とともに用いると、((主に英)) かなり、まあまあの意味になり、
この意味では通例quite に強勢を置く」(AF) とあります。

　英・米で差があること（米ではveryに近い）、強勢の問題がか
らんでいることを考えると、相当に厄介な副詞です。SWAN (467.1)
にはcompletelyの意味に使われる (non-gradable) 例としてquite
impossible / exhausted / amazing / perfectly が挙げられています。

　書かれたものを読むときはまず文脈で判断し、ここではダッ

チスは「〈とても〉喜んだに違いない（あんなに悩んだあとうまい解決方法が見つかったのだから）」と考えるのが妥当でしょう。また、文の最後に感嘆符（！）があることも「とても」の意味であることの決め手になると考えられます。

　ここでこの章で引用した英文の中で使われたダッシュについて総点検を試みます。

【**参考（15）：ダッシュ（—）**】
　〔SWAN 456〕 Dashes (—) are especially common in informal writing. They can be used in the same way as colons, semi-colons or brackets. ... A dash can introduce an afterthought, or something unexpected and surprising. 「ダッシュは特にインフォーマルな文でよく使われる。コロン、セミコロン、かっこと同様に使える。…追加表現を補足したり、思いがけない、びっくりするような出来事を伝えるときにも使える」

① A pie-dish—a pie-dish with a pink rim.
　（**1・5**行目）あとから追加補足。「パイ皿、ピンクの縁取りの」

② Duchess read the letter and wrote an answer: —
　（**2・1**行目） she wrote as follows: 「つまり、...以下のような返事を書いた」

③ and then at the end she added—"I hope it isn't mouse?"
　（**2・6**行目）追加表現。「つまり、次の文を書き加えた」

④ "I am dreadfully afraid it *will* be mouse!" said Duchess to herself—"I really couldn't, *couldn't* eat mouse pie.
　（**3・4**行目）カマと同じ。直接話法を一度切って、だれがだれに言ったかを述べてから、次の伝達文を続けるとき、ふつうはカマが使われますが、ここではカマの代わりにダッシュ

が使われています。

⑤ ... let out the steam—Oh I do wish I could eat my own pie, ...

（**4**・5行目）"it is all ready ...から始まるこのパラグラフはすべてダッチスの独白です。ダッシュの前までは自分の準備したパイの手順を客観的に描写しています。ダッシュの後はそれまでとは違って、感情的になって自分の本音が思わず口からあふれ出てしまった文になっています。その気持ちの変化をダッシュが示したものと思われます。

⑥ **4**・9-10行目　3つのダッシュ　a) b) c)

Duchess considered and considered and read Ribby's letter again—a) "A pink and white pie-dish—b) and *you* shall eat it *all*. 'You' means me—c) then Ribby is not going to even taste the pie herself?

a) It [the letter] said,　〈主語＋伝達動詞＋カマ〉の代わり

b) "... pie-dish;　　　　　セミコロンと同じ

c) 'You' means me:　　　コロンと同じ

ここでダッチスはリビイの手紙のなかの重要ポイントを挙げています。それぞれのポイントのあとで考えている時間を入れているのをダッシュが示しているのではないでしょうか。

カマ、セミコロン、コロン、ピリオドはどれも書きことばでは、主に文法面にかかわる記号ですが、ダッシュは音声面では息継ぎをし、間を置くための記号とも考えられます。

【 **参考（16）：be going＋to不定詞** 】

willやshallと同様、未来を表す形にbe going＋to不定詞があります。第1章で使われた例を整理しておきます。

① p.15 *3*（ダッチスが書いた手紙）

I was just going to invite you to come here, to supper,

I am going to ... であれば、未来時の主語の意図を表しますが、ここでは I was just going to ... と過去形になっています。この場合は何らかの障害があって invite という行為が実現できなかったことを言外に含んでいます。

② p.23 *5-*（ダッチスの独り言）

And *my* pie was going to be veal and ham.

3人称で pie が主語ですから、ここでは話し手（ダッチス）の意図・計画を表しています。ここも過去形ですから、実現しなかったことを暗示しています。

③ p.29 *10-*（ダッチスの独り言）

—then Ribby is not going to even taste the pie herself?

（いろいろなことに考えをめぐらした結果）、それじゃ…、と結論的に出されたことばですね。近い未来を表す用法で意志には関係なく、ある動作（ここでは taste the pie）が起こりそうな（ここでは否定語 not があるので、起こらなそうな）徴候が見られる場合に使われます。

【第1章の終わりに】

　この章では【参考】が多くなってしまいました。今関心のないものは、無理に読む必要はありません。もしこの物語に興味があれば、絵本の原文か翻訳書でぜひ続きを読んでください。【参考】に関心のなかった方もいつか戻って読んでみてくだされば幸いです。

第2章

イギリス児童文学　その2
『宝島』の作者が
幼年時代の思い出をうたった詩

Robert Louis Stevenson
A Child's Garden of Verses より詩4編

ロバート・ルイス・スティーヴンソン
『幼年詩園』より

【 著者と引用作品について 】

　『宝島』で有名なロバート・ルイス・スティーヴンソン（Robert Louis Stevenson, 1850-1894）はスコットランドのエディンバラ生まれ。生涯を通じて病弱でしたが、1885年、病床にあって、自らのスコットランドでの子ども時代を回想して書いた詩を集めて出版したのが *A Child's Garden of Verses* で、そのなかから4編を選びました。なお、この詩集は、幼時から終始自分から離れず、ふんだんに愛情を注いで育ててくれた乳母、Alison Cunningham に捧げられています。

　スティーヴンソン家は曽祖父の代にも灯台建築技師としてその名を知られていました。父トマス（Thomas）の一人息子であるルイスは、父の当然の希望により、エディンバラ大学で、初め工学を学びましたが、この分野に全く興味が持てず、21歳のとき作家になることを決意しました。父からは将来の職業を考えて、法律を専攻することを勧められ、ルイスは法律を学んで同大学を卒業しました。しかし、生涯法曹界にかかわる仕事に就くことはありませんでした。

　その後スティーヴンソンは文筆の仕事を続けながら、自らの病弱な体に適した、健康によい土地を求めてヨーロッパ、アメリカなど世界を広く旅しました。1889年にはサモア島を訪れ、やがてこの島の高地にヴァイリマ（Vailima：「5本の川」の意）と名づけた家を建て、この地に永住することを決意、5年後にこの島で44年の短い生涯を終えました。当時、この島にいた白人たちは、現地の人々を差別的に扱うのを当然と考えていましたが、彼はそれに激しく反対し、現地人を自らと平等に扱い、その文化を尊重しました。そんな彼を島の人々はツシタラ（Tusitala = Teller of Tales「語り部」）と呼んで尊敬し、慕いました。

1 BED IN SUMMER

In winter I get up at night
And dress by yellow candle-light.
In summer, quite the other way,
I have to go to bed by day.

I have to go to bed and see
The birds still hopping on the tree,
Or hear the grown-up people's feet
Still going past me in the street.

And does it not seem hard to you,
When all the sky is clear and blue,
And I should like so much to play,
To have to go to bed by day?

【日本語文】

　詩を訳すということは至難の業で、この本で私が扱うこととは別の領域に属します。従って、以下は原詩の意味をあまり原詩から離れないよう考慮しながら伝えようと試みたものにすぎません。言うまでもないことですが、詩の解釈は読む人の心にどう響くかにかかっています。多様な読み方が可能です。

夏のベッド入り

冬になるとぼくは暗いうちに起きて
ロウソクの黄色い灯をともして着替えをする。
夏になると、まったくあべこべで、

明るいうちからベッドに入らなくてはなりません。

ベッドへ入って
鳥たちがまだ木の枝の上をぴょんぴょん跳びはねているのを見たり、
大人の人たちがまだ通りを歩いていて
ぼくを通り過ぎていく足音を聞いたりしなくてはなりません。

でも難しいことのように思われませんか、
空がどこもかしこも青く澄み切っているのに、
それにぼくがもっともっと遊んでいたいのに、
明るいうちからベッドに入らなくちゃならないなんて。

【 英詩の形式 】

　詩が苦手だと思っている方々に読んでいただきたくて4編の詩を選びました。これらの詩を読むとき役に立つ、詩の形式について最低限の項目を主にBED IN SUMMERを例にして説明しておきます。面倒だと思う方は読まなくても結構です。正しい発音とアクセントで声を出して読んで、リズムをとらえ、楽しいと感じられればそれでよいと思います。その後で快いリズムがどこから生まれるのか興味を持ったら、英詩の韻律（metre/meter: 詩のリズムの型）の規則を読んでみてください。

　日本語の詩の韻律といえばおなじみの七と五の音数によるリズムのパターンです。七と五の規則的な交替を感じとって私たちは和歌や俳句を理解しています。

① 行（line）・連（stanza）・音節（syllable）

　BED IN SUMMERは4行から1つの**連**（スタンザ）が成り立ち、3連で全体が構成されています。4行から成り立っている連は英詩のなかで最も広く用いられるもので、この章で紹介するほかの3

編も各連は4行で構成されています。

音節は1つの母音を中心にした音のまとまりで、1音節だけでできている語（night）もあれば2音節以上でできている語（win-ter, pleas-ant-est）もあります。

② 各行の最初の文字は大文字で始まっています。行の末尾に注意してください。第1連第1行の末尾の語には句読点がありません。文の途中だからですね。それなのに第2行の頭は大文字で始まっています。この行は文末を示すピリオドで終わります。第3行の末尾はカマで終わっていて、やはり文の途中です。第4行は大文字で始まり、文末のピリオドが置かれています。

第2、3連についても調べてみてください。第3連は疑問文なので最終行は疑問符で終わっています。

③ 第1連1・2行末の2語 night [náit] と -light [láit] に注目してください。両者は韻を踏んでいるからです。これを**脚韻（rhyme）**と呼びます。脚韻とは「各行の最後の語で、強勢（アクセント）が置かれている母音と、その母音に続く音（もしあれば）すべてが一致すること」です。night と -light では母音 [ái] とそれに続く [t] が一致しています。

第3・4行目の最後の語 way と day も、強勢が置かれている母音 [éi] が同じです。この場合、母音に続く音はありませんが、やはり両者は脚韻の例となります。

第2、3連の行末の語に同じことが起こっているのを確認してください。

第1連の脚韻の配置は aabb、そして第2連は ccdd、第3連は eeff というパターンです。どの連でも同じパターンを繰り返すのが一般的です。

④ 日本語の韻律では音の数だけが問題ですが、英詩では、音の数より各音節の強弱、どの音節に強勢が置かれ、どの音節には置かれ

ないかが重要な要素です。第1連を朗読して、アクセントが必要だと思われる母音の上にアクセント記号（´）を、アクセントのない弱い音節の母音の上にバツ印（×）を振ってみます。

In winter I get up at night

And dress by yellow candle-light.

In summer, quite the other way,

I have to go to bed by day.

どの行も「弱強」という小さな単位、**詩脚（foot）**が4回繰り返されています。第2、3連も同じであることを確認してください。これを**弱強四歩格**（iámbic [aiǽmbik] tetrameter [tɛtrǽmətər]）と言います。

この詩は大変分かりやすい弱強四歩格で書かれていますが、ほかの3編はこれとは違います。ここで学んだことを応用してそれぞれの詩の分析に挑戦してみてください。

⑤ 詩（自由詩を除いて）はこのような形式を備えた**韻文（verse）**で書かれています。スティーヴンソンのこの詩集のタイトルA Child's Garden of Versesにもverseが使われています。これに対し、韻律に規制されない通常の文を**散文（prose）**と呼びます。脚韻や強弱のアクセントでリズムを整えるという制約を持つ韻文では、散文の場合の語順を変えなければならないときがあり、それが初心者に英詩を読むことがむずかしいと感じさせる一因となっています。

慣れてくるといろいろな規則にとらわれず詩を読む楽しみを感じ

ることができるようになります。そのためにも声に出して何回も読みましょう。

【解 説】

第1スタンザ

意味をとるのにはあまり問題はありませんね。冬／夏（winter/summer）、夜／昼（at night/by day）という対語・対句が使われています。

1　**I get up at night**

　　動詞getは、「習慣」を表す現在形。

3　**In summer,**

　　1行目のIn winterにはなかったカマが付いています。「冬」に対して、「夏」（のほうは、どうかというと）という気持ちで、読み手がひと呼吸置くためのカマと考えられます。そのひと呼吸が、次のquite the other wayという「思いがけず、（全く反対で）」という句を際立たせます。

4　**I have to go to bed by day.**

　　① I have to go to bed

　　　have toの発音 [hǽftə] は正しくできていますか。

　　　「…しなければならない」　cf. 第1章 p.23 4-

　　② by day = during the day：「日中は」

　　　Owls usually sleep by day and hunt by night.「フクロウはふつう、昼間は眠っていて、夜間に狩りをする（食べ物を探す）」

第2スタンザ

1-2　**I have to ... see The birds still hopping ...**

　　1行目最後の語seeには句読点がなく次行に続きます。

3-4　**... hear the grown-up people's feet Still going ...**

3行目最後の語feetにも句読点がありません。

このスタンザは、視覚（see）と聴覚（hear）を通しての描写です。文法的には知（感）覚動詞seeとhearを使った〈知覚動詞＋目的語（次の現在分詞の意味上の主語）＋現在分詞〉となっていて、SVOCの構文（cf. 第3章 pp.80-81【参考（2）：7文型】）であることを見逃がさないように。2つの現在分詞からは、「動作の連続性・反復性」を感じとってください。「鳥たちがぴょんぴょん跳びはねている（反復）のが（ぼくには）見える」「大人の人たちの足取り（の音）が近づいて（ぼくを通り過ぎ）また遠くへと消えていく（連続性）のが（ぼくには）聞こえる」

【 参考（1）：知（感）覚動詞＋現在分詞／原形（toなし）不定詞 】

知覚動詞＋原形不定詞の構文もよく目にします。SWAN 245では両者の違いを以下のように説明しています。

I saw her crossing the road. (＝ *As I looked, she was crossing it—she was in the middle, on her way across.*)

I saw her cross the road. (＝ *As I looked, she crossed it from one side to the other.*)

つまり、現在分詞の文は動作が進行中、継続中であるのに対し、原形不定詞の文は動作の全体（はじめから終わりまで）を示していることになります。

第3スタンザ

1　**... does it not seem hard to you, ...?**

　　① このスタンザ全体が疑問文で、4行目の To have to ...? に続きます。つまり、itは仮主語、実主語がto不定詞以下で示されています。「明るいうちに就寝しなくてはならないことは、あなたには難しいことに思われませんか」

② youは複数形とも考えられ、「人々には難しいことだと分かってもらえるだろうか」。ここでは読者に呼びかけています。(ねえ、ぼくの気持ち、皆さん、分かってくれますね) という気持ち。

3　**I should like so much to play,**

　① I should like to ... = I would like to ... :「…したいものだ」
　　現在はwouldのほうがふつう。
　　口語ではI'd like to ...となります。

　② so muchはto playを修飾する強調の副詞句。

【 **参考（2）：エディンバラ（Edinburgh）** 】

　地図で調べると、緯度が55度57分。(北海道の北端、宗谷岬が45度31分ですから10度以上北にあります) 日本と比べて、夏は日照時間が大変長く（夏至のころには午前3時過ぎに日の出、午後11時ごろ日没）、冬は大変短い（真冬は午前9時ごろ日の出、午後3時過ぎ日没）ことが容易に想像できます。子どもにとって（ことに病気がちで、ベッドで過ごす時間が長かったであろうルイス少年にとって）、この厳しい自然環境は、とても寂しく、つらいものであったことが想像できます。特にこの詩を読むとき、その点を考慮に入れることが必要だと思います。

2　THE LAMPLIGHTER

My tea is nearly ready and the sun has left the sky;

It's time to take the window to see Leerie going by;

For every night at tea-time and before you take your seat,

With lantern and with ladder he comes posting up the street.

Now Tom would be a driver and Maria go to sea,
And my papa's a banker and as rich as he can be;
But I, when I am stronger and can choose what I'm to do,
O Leerie, I'll go round at night and light the lamps with you!

For we are very lucky, with a lamp before the door,
And Leerie stops to light it as he lights so many more;
And O! before you hurry by with ladder and with light,
O Leerie, see a little child and nod to him to-night!

【日本語文】
点灯夫

ぼくはもうすぐ夕ごはん。もうお日様は空からいなくなった。
そろそろリーリィが通りかかるのを見に窓辺に行って待つ時間だ。
というのはね、毎晩夕ごはんの時間になって、食卓の席に着く前に、
カンテラを手に、はしごをかついでリーリィが通りを急ぎ足でやって
くるからなんだ。

さて、大きくなってなりたいもの、トムは御者、マリアは船乗り。
ところで、ぼくのパパは銀行家でこの上なしのお金持ち。
でも、ぼくはね、大きくなって今より頑丈な体になって、仕事を選べ
るとしたら、
ああ、リーリィ、夜一緒に街を回って街灯に灯をともしたいんだ。

それにぼくの家はとても幸運なんだよ、玄関の前に街灯があるからね、
だからリーリィが立ち止まって、それに灯をともしてくれるんだ。

第2章

ほかにもっとたくさんの街灯にも灯をともすのと同じように。
でもね、はしごをかついで灯をもって急ぎ足で通り過ぎてしまう前に、
リーリィ、お願い。今晩は小さな子を見つけたら、その子に合図してね!

【参考 (3)：lámplìghter「点灯夫」】
　まだ電気の普及しなかったころ、日本でも明治時代から昭和
初期にかけて、街灯にはガス灯や石油ランプが使われていました。
これらの街灯に点火して回った人を点灯夫と呼びます。

【解　説】
◎この詩の脚韻、韻律（強弱のリズム）、連の構造など、前の詩と比
べてみてください。少し変化が見られます。
第1スタンザ
1　**My tea is nearly ready and the sun has left the sky;**
　　① My tea is nearly ready:「夕食の用意がほとんど整っている」
　　　tea: b) a large meal that is eaten early in the evening in
　　　some parts of Britain「イギリスのある地域では夕方早めに
　　　食べる、たっぷりした食事」(LDCE)

【参考 (4)：tea】cf. 第1章 pp.16-17【参考 (9)：mealについて】
　イギリス英語の文献の中でteaという語に出会ったときには
注意が必要です。第1章の冒頭にも出ましたが、そこではパイ
が供されました。
　この詩の中では文脈上、晩の食事であることは明らかです。
上で引用した辞書（LDCE）の定義とも矛盾しません。ところが、
同じ辞書にはa)として、a very small meal of cake or biscuits,
eaten in the afternoon with a cup of tea「午後に紅茶と一緒に
とる、ケーキやビスケットからなる軽食」もあり、第1章のteaの

意味だと解釈しました。

　私は、1年間北ウェールズの大学の寮（といっても12人の女子学生が住む大きな一軒家）で暮らしました。同じ寮で親しくしていたイギリス人（イングランド人）の友人グレニス（Glenice）が、ある日「今晩は1泊の予定で父親が訪ねてくる」と言って、忙しそうに準備をしていました。そのとき彼女が「teaの準備をしている」と言うのを聞いて、私は大いに不思議に思いました。イングランドの田舎から遠路ウェールズまで訪ねてくる父親に「夕食」でなくて、「お茶（この場合は紅茶とマフィンとか）」をごちそうするのかと意外に思ったからです。teaの内容を聞いてみると、夕食と変わらないことが分かり、夕食は当時の私の知識ではsupperなので、どうしてsupperと言わないのか聞いてみました。その結果、彼女の育った環境では夕食をteaと呼んでいることが分かりました。

　一日の食事（meal）の呼び方は、地域、階級などによってかなり複雑な様相を呈しているようです。グレニスはイングランドのワーキングクラス（working class）の出身ですが、スティーヴンソン家はスコットランドの上位中流階級（upper-middle class）に属していると思われます。p.45 *1* ①にあるb)の定義にsome parts of Britainとあるのは地域差があることを示しているのですね。これから後のテキストでは第4章（p.129）にやはりteaが出てきますのでお楽しみに。

② ... the sun has left the sky; 現在完了形が使われています。太陽が空から消えた結果、「夕暮れが訪れてきた」ことに焦点が当たっています。太陽が沈んだのは過去のことですが、その結果が現在に及んでいます。「今は夕暮れだ」の意味です。

2　**It's time to take the window to see Leerie going by;**

① take the window to see ...　このtakeは「ある目的のために（場所などを）使用する」の意味で、古い英語。

② see Leerie going by

　　ⓐ〈知覚動詞＋目的語（現在分詞の意味上の主語）＋現在分詞〉で、「リーリィが通り過ぎていくのを見る」。現在分詞の「動作の連続性」——リーリィは姿を現し自分の家の前の街灯に火をともし、やがて去って行く——の時間の経過を感じとりましょう。cf. BED IN SUMMER pp.41-42 第2スタンザ 3-4

　　ⓑ going by: by（副詞）は「（そばを）通り過ぎて」

3　**For every night at tea-time and before you take your seat,**

① ここではtea-timeはリズムの関係でeveningではなくnightになっていますね。「nightは、日没から翌日の日の出までをいう。eveningは通例日没から寝る時間までをいう」（AF）

② 実際は自分が席に着くのですが、総称のyou を使って一般化し、「人が（みんなが）自分の席に着く前に」

4　**With lántern and with ládder he comes posting up the street.**

① lanternにもladderにも、予想される冠詞がありません。第3スタンザにも同様の表現があります。この2つは、lamplighterの仕事に不可欠な道具として、具体的な物というより、その「役割」を意識した名詞で、'with knife and fork' や 'with hat and coat' のように、「セット」としてとらえられているので無冠詞です。リズム上ladderにもwithが付いています。

② he comes posting up the street.

　　「（道に沿って）早足でやってくる」

　　ⓐ post:「《英古》急いで旅する：急ぐ（hurry）〈off〉」（Kenkyusha）postingは付帯状況を表す現在分詞、come posting「急ぎながらやってくる」

　　ⓑ up:（前置詞）「（通りに）沿って」

第2スタンザ

1 **Now Tom would be a driver and Maria go to sea,**

① Nowは、話題を変えて、「さて」

② Tom (said he) would be a driver and Maria (said she would) go to seaのようにかっこ内を補って解釈します。Maria go to seaはかっこ内の想定がなければ非文法的であることに気づきましたか。直接話法 "I will be a driver." "I will go to sea." が〈時制の一致〉の原則に従って間接話法になった文です。〈時制の一致〉とは直接話法 Tom said, "I will be a driver." が間接話法 Tom said he would be a driver. になるとき、直接話法の伝達動詞saidの過去形に一致させてwillがwouldに変わることです。Maria [mərí:ə, məráiə]（AF）

③ driverはこの時代では「御者」

④ go to sea: 成句「船乗りになる」（AF）

2 **... my papa's a banker and as rich as he can be;**

① my papa's = my papa is　この縮約形（papa's）によってシラブル数を減らすことができます。

② as rich as he can be:「可能な限り（この上なく）裕福な」

3 **But I, when I am stronger and can choose what I'm to do,**

① 2つのカマに挟まれた部分は、挿入であり、I, ..., O Leerie,（4行目）I'll go roundとIが重複しています。

② when I am stronger　未来について述べているのに現在形が使われています。「時を表す副詞節の中では、未来の事柄は現在時制で表す」（AF）という規則があるからです。「時を導く接続詞にはwhenのほかにafter, till, untilなどがあり、as soon as, by the timeなども用いられる」（AF）cf. 第1章 p.30 *12*-④

③ strongerは比較級。「（大人になって）今より強い（丈夫な）

体になったら」

④ can choose what I'm to do で「すべきこと（職業）を選ぶ」。I'm（'mはamの縮約形）to do:〈be + to不定詞〉は、「自分以外の人、周囲の環境によって（ここでは大人になり頑健な体になったら）決められていることをする」という意味を表します。what I'm to doは先行詞を含む関係代名詞whatに導かれる名詞節でchoose（他動詞）の目的語。文型でいえば、最もよく使われるSVO構文です。cf. 第3章 pp.80-81【参考（2）：7文型】

4　**I'll go round**

（頑強な体になり、仕事が選べるようになったら）「（あちこち灯をともして）回るんだ」 'll（willの縮約形）のwillは、「主語の未来の意志」を表しています。

第3スタンザ

1　**we are very lucky, with a lamp before the door,**

主語がweになっているのは、自分たちの家の玄関ドアの前に街灯があることを幸運だと述べているので、この家に一緒に住む家族のことが頭にあるのでしょう。

2　**Leerie stops to light it**

「立ち止まって灯をともす」「灯をともすために立ち止まる」2通りの解釈が可能です。

as he lights so many more; = as he lights so many more (lamps);

「もっとたくさんの灯をともすのと同じように」

① かっこ内を補って意味を考えます。前行末のdoorと脚韻を合わせ、リズムを整えるためにlampsが省略されています。

② so: 強調の副詞。

3　**hurry by with ladder and with light, :**「急いで通り過ぎる」

① hurry by:「急いで通り過ぎる」 byは副詞、意味は第1スタ
ンザ2行目のgoing byの'by'と同じ。

② with ladder and with light, cf. p.47 *4*

4　**see a little child and nod to him to-night!**

「今晩は小さい子を見て、その子にうなずいてくださいね」「坊
やが私を見てくれているのに、ちゃんと気づいていますよ」の
気持ちを込めて、「合図してくださいね」

① seeとnodは命令形ですね。him = a little child（自分のこと
を第三者として考えている）

② nod: to move your head down and up again once in order
to greet someone or give someone a sign to do something
「頭を1回上下させて挨拶する、または、だれかに何かするよ
う合図する」（LDCE）

③ to-nightは古い形（プログレッシブ）。現代英語ではtonight
と1語とし、ハイフンは入れません。

【参考（5）: THE LAMPLIGHTER 形式上の特徴 】

1) セミコロンの多用

　この詩には行末にセミコロン（ ; ）が4回使われています。
本書で取り上げた4つの詩を調べてみると、行末のセミコロン
はTHE HAYLOFTでは2回、ほかの2つの詩には1つも使われて
いません。ということは「行末のセミコロン」はこの詩の特徴
といってよいのかもしれません。文法的には完結した文はふつ
うピリオド（ . ）〔full stop, period〕で文を終わらせますが、次
の文と意味上関わりが強い場合にはセミコロンを用います。こ
の詩がどの連も連内で意味上緊密につながっていることが分か
ります。

2) 縮約形の使用

　縮約形が多く用いられていることにも気づきます。第1スタンザではIt's time to ～、第2スタンザでmy papa's, what I'm to do, I'll go roundなど。シラブル数を少なくすることと同時に、口語的なニュアンスが表現されています。

3) andの効用

　andが合計12回使われています。リズムを整えるために意識的に使われているのですね。

3　THE SWING

How do you like to go up in a swing,
Up in the air so blue?
Oh, I do think it the pleasantest thing
Ever a child can do!

Up in the air and over the wall,
Till I can see so wide,
Rivers and trees and cattle and all
Over the countryside —

Till I look down on the garden green,
Down on the roof so brown —
Up in the air I go flying again,
Up in the air and down!

【日本語文】

ブランコ

ブランコを漕いで空高く舞い上がってみるのはどう、
あんなにも青い空へ？
子どもができることの中で
最高に楽しい遊びだと思うんだ！

前のほうへ空高く上がろう、塀の向こうの、
広い景色が見えるところまで、
川が見える、木が見える、牛の群れまで
田舎じゅうのきれいな景色が見わたせる─

後ろのほうへ、緑の庭を見おろすところまで、
目の下にはあんなに茶色い屋根が見えるよ─
空高くもう一度飛び上がろう、
高く舞い上がっては、また舞い降りる！

【解 説】

第1スタンザ

1　**How do you like to go up in a swing,**

　　① How do you like ...? :「…をどう思いますか、…はいかがですか」（好き嫌いを聞いたり、意見・判断を求める場合に用いる）（AF）この疑問文の疑問符（?）は、2行目最後に現れています。

　　② (go) up in a swing, :「ブランコに乗って上方へ（上がる）」

2　**Up in the air ...**

　　= (go) up in the air ...（1行目のgo upにつながる）

3 **I do think it the pleasantest thing**

① この do は動詞 think を強調する助動詞。従って do には強調の
アクセントを付けて発音します。cf. 第1章 p.11【参考（7）】

② it は1行目の to go up in a swing「ブランコに乗って上方へ上
がること」

③ think ＋名＋(to be) 名／形：「…を〜と思う」〈フォーマル（公
式的）〉

「私はそれを最も楽しいことだと思う」

この構文は SVOC（cf. 第3章 pp.80-81【参考（2）：7文型】）
ですが、I think that it is the pleasantest thing のように that
節を使うほうがふつう（normal）です。（SWAN 564. 4）

4 **Ever a child can do!**

① この文は前の行の最上級の形容詞（pleasantest）で修飾された
thing を修飾する関係詞節。制限用法の関係代名詞（that）は
先行詞 thing が目的格なので省略されています。散文で書けば
I do think it the pleasantest thing (that) a child can ever do!
という1文が2行に分かれているにすぎません。「それを子ど
もができることの中で最も楽しいものであると私は考える」

制限用法（cf. 第1章 p.5【参考（1）】）の関係代名詞の場合、
目的格は省略できることを覚えておきましょう。

② ever: 最上級の形容詞 (pleasantest) と共に強調語として使わ
れています。*COLLINS COBUILD ENGLISH DICTIONARY* に
は ever 3 で、you use **ever** after comparatives and superlatives
to emphasize the degree to which something is true ... 「比
較級や最上級のあとで、述べていること（ここでは形容詞で
表現）が真実である度合い（が高いこと）を強調するために
使う」とあり、*This is the most awful evening I can ever
remember.*「これは私の記憶するなかで最も恐ろしい晩です」

という例文が挙げられています。

第2スタンザ

1 **Up in the air ...**
= (I go) Up in the air ... かっこ内が省略されていると考えられます。

2 **I can see**：〔can + 知覚動詞〕「能力を表す意味が弱くなり、見たり感じたりしている状態を表すことが多い」（AF）

3-4 **Rivers and trees and cattle and all / Over the countryside —**
① 3つの名詞それぞれがandで結ばれています。Rivers (A) and trees (B) and cattle (C) and all　リズムとしてはブランコに揺られている感じを出して効果的です。

【参考 (6)：〈日・英語の比較〉複数形の和訳】

riversの複数形は日本語では表現できません。「木々」などという言い方はできますが、ここで「川々」を使うのはためらわれます。複数表現については時に日・英語間の翻訳の限界を感じさせられます。

---

② cattle: cows and bulls kept on a farm for their meat or milk
「食肉と牛乳を得るために農場で飼っている乳牛か（去勢されていない）雄牛」（LDCE）

【参考 (7)：〈日・英語の比較〉「牛」の名前】

cattle：集合的に家畜としての牛（AF）。LDCEのcattleを見ると、「牛」の英語には日本語にはない区別、性の違いによって別々の単語（cowとbull）があることに気づきます。日本語では「雌／乳牛」とか「雄牛」のように、「牛」に性別を示す字が付加され

た合成語になっています。日本では牧畜は古くから行われているものではないので、既存の単語「牛」にほかの要素（性別、用途など）を付加して新造語を使っているのです。英語では、bull（去勢されていない雄牛、種牛）、ox（去勢された雄牛）、calf（子牛）、steer（去勢された雄の食肉用の牛）、bullock（去勢された雄の荷役用の牛）、heifer [héfə]（子を産んだことのない若い雌牛）。また、cowには性別を問わず「牛」の意味もあります。LDCEではbullにMALE COWという定義を与えています。食肉に関してはbeef（牛肉）、veal（子牛肉— 第1章のダッチスのパイはvealとハム入りでしたね）などが、語彙化されています。牧畜文化がそのような語彙化を必要としたことは興味深いことです。言語と文化の深い関係、まさに言語はその背景にある文化の鏡といえます。

③ all over:「…の至るところに、…中に」（AF）

④ cóuntrysìde: an area away from towns and cities, where there are fields, forest etc — used especially when talking about the natural beauty of this kind of area「町や都市から離れた野原や森などのある地域、特にこの種の地域の自然美を述べるときに用いる」（LDCE 15th edition—THESAURUSの項より）

⑤ countryside—ダッシュについては第1章 pp.31-32【参考（15）】、第2章 p.57【参考（8）3）】

第3スタンザ
第2スタンザと文の構造面でつながっています。

1　**Till I look down on the garden green,**

　① スタンザの冒頭ですから、この副詞節はどこかにある主節と

つながっていなければなりません。第2スタンザ、2行目の Till I can see so wide, と並行した副詞節として考え、1行目 の (go) Up in the air and over the wall, を主節と考えるのが 順当だと思われます。これは第2、第3スタンザの文構造の面 でのつながりですが、意味の上からみると、第2スタンザでは、 ブランコは前方へ上がり、そこから見える広い、遠い風景が、 第3スタンザでは、ブランコは後方へ上がり、眼下に見える 近い景色が描かれています。つまり、第2、第3スタンザはブ ランコのひと続きの揺れを描いている点でつながっているの ですね。

② 英語では〈形容詞＋名詞〉の語順の規則は散文ではかなり厳 密に守られますが、ここの garden green は押韻上、〈名詞＋ 形容詞〉の語順になっています。語の頭をそろえる**頭韻** （alliteration）も意識されていると思われます（garden と green の [g]）。

③ 1行目と3行目末尾の green と again が韻を踏んでいないこと （half-rhyme）は p.64【参考（10）】で述べます。

2 **Down on the roof so brown —**
ダッシュは構文上一度ここで切れるので、ピリオドの代わりに用 いられています。cf. p.57【参考（8）3）】

3 **I go flying again,**
スポーツなどに関して用いられる go swimming, go hunting と 同じ形ですが、この 'flying' は「上方へ飛び上がること」という 意味。

【参考（8）：THE SWING 形式上の特徴】

1）脚韻の不一致

注意深い読者は第3スタンザの第1行と第3行の行末の語が

greenとagainであり、韻を踏んでいないことに気づいたかもしれません。同様な不一致が次の詩、THE HAYLOFTの第3スタンザにも起こっています。これについての説明は、次の詩THE HAYLOFT 第3スタンザで併せて行います。cf. p.64【参考（10）：half-rhyme】

2）繰り返される表現

　どのスタンザにも共通してUp in the air …というフレーズが繰り返されていることに注目しましょう。また、第2スタンザでは広角レンズの俯瞰図、第3スタンザでは、後方へ漕いで、急速に身近な風景に変化する対照を楽しみたいですね。

3）ダッシュ

　この詩にはピリオドが全く使われていません。その代わりに構文上の終わりを示してダッシュが用いられ、ブランコの前方へ、後方への絶え間のない揺れを表しています。cf. 第1章 pp.31-32【参考（15）：ダッシュ（―）】

4）少し変化は付けていますが、強弱弱の音節が支配的に繰り返され、リズムを刻んでブランコの継続する揺れを巧みに生み出しています。

【鑑　賞】

　ぜひ声に出して読んで、ブランコで上がったり下がったりするリズムを楽しんでください。子どもに許されたブランコ乗りという遊びは、鳥になりたい夢をいとも簡単に叶えてくれます。初めはこわごわだけど、思いがけない高さにまで達することができるようになると、だんだん大胆になって、もっともっと漕いで、もっともっと高く飛んでみたくなります。普段見慣れた景色も、ちょっと違う角度から眺めると、思いがけなく新鮮なものに変わり、歓びは強烈なものになります。だれもが子どものときに乗ったブランコの思い出を持っているに

違いありません。だからだれでもこの詩に大いに共感できるのではないでしょうか。

4 THE HAYLOFT

Through all the pleasant meadow-side
The grass grew shoulder-high,
Till the shining scythes went far and wide
And cut it down to dry.

These green and sweetly smelling drops
They led in waggons home;
And they piled them here in mountain tops
For mountaineers to roam.

Here is Mount Clear, Mount Rusty-Nail,
Mount Eagle and Mount High; —
The mice that in these mountains dwell,
No happier are than I!

O what a joy to clamber there,
O what a place for play,
With the sweet, the dim, the dusty air,
The happy hills of hay.

【日本語文】
干し草置き場

気持ちのいい牧草地一面に
肩に届くほど伸びた草は、
ピカリと光る大鎌が至るところで振るわれ
干し草にするために刈り落とされた。

かぐわしい香りを放つ緑色のこの草は
荷馬車に載せられて家へと運ばれ、
ここで山のてっぺんをいくつか作って積まれた
山登りをする人たちが歩き回れるように。

これはハッキリ山、これは錆釘山、
鷲嶽に高岳、─
これらの山を棲みかとしているネズミたちは、
ぼくに劣らず幸せ者だな！

よじ登るのはなんという大きな歓び、
遊ぶのになんとうってつけの場所だろう、
甘い香りが漂う、ほの暗い、埃っぽい空気に包まれた、
この愉しい干し草の山々は。

【解 説】

第1スタンザ

1 **meadow-side**

　身近にある英英、英和を問わず、見出し語として'meadow-side'を記載している辞書は皆無でした。こんなとき、この語の意味を知る方法はあるか、考えてみます。

　1）この単語が存在する限り、この語特有の意味があるはずではないか。

2）この語に形式上似ている単語はあるか。seaside, mountainside, countryside などが頭に浮かぶが、どれも1語として定着していて、-side のようにハイフン付きではない。

3）これら3語の -side に共通する意味は何か。

　英和辞典では side:「山腹、（丘・土手などの）斜面わき、かたわら、そば」（AF）；

英英辞典では side: a) MOUNTAIN/VALLEY ETC: one of the sloping areas of a hill, mountain etc; hillside/mountainside

b) EDGE: the part of an object or area that is the furthest from the middle, at or near the edge; roadside/lakeside　そのほか例文などから riverside, seaside などが得られました。（LDCE）

side: a) the vertical or sloping surface around sth, but not the top or bottom of it ⇒ see also HILLSIDE, MOUNTAINSIDE

side: b) EDGE a part of an area of sth near the edge and away from the middle ⇒ see also BEDSIDE, FIRESIDE, RINGSIDE, RIVERSIDE, ROADSIDE, SEASIDE （OALD）〔sth は something の略〕

　2行目の grass は meadow-side に生育しているものと考えられます。grass が meadow に生えていることは下記の定義から明らかになります。また、meadow-side は第3行目の末尾の wide と脚韻を踏み、すべてのスタンザ1行目の音節の数をそろえるという機能を果たしています。

meadow: a field covered in grass, used especially for hay （OALD）「特に干し草用の草で一面に覆われた野原」

　ここで THE SWING　第2スタンザ3-4　④（p.55）の countryside〔THESAURUS〕からの定義に戻りましょう。countryside の意味は the country ＋「その地域の自然美を述べる」ということになりますので、ここで -side の担っている意味

は「自然美」と考えることができるでしょう。

　これがmeadowとmeadow-sideの意味の差として参考にできるかもしれません。

2　**The grass grew ... (Till ...)**

「草は…するまで生育した」

grewは主文の動詞で、3、4行目のTill以下の副詞節によって修飾されています。

頭韻［gr］が見られます。

3　**Till the shining scythes went ...**

「光った大鎌が広範囲に作動し、干すための草を刈るまで」（大きく生育した）

　① Till: 接続詞「（継続）…するまで（ずっと）」（AF）

　　Tillに導かれる副詞節は、（3行目）1) the shining scythes went ...と（4行目）2) cut it ... dry。

【参考 (9)：scythe 】

　この詩には関係ありませんが、scythe [saið]という語には死神（Death）の持ちものという連想があります。AFには「Death（死神）は大がまを手にした姿で描かれる」とありますし、『リーダーズ英和辞典』では scytheの項にDeathを参照するようにと指示があり、Deathの項には「死神《鎌（scythe）を持ち黒衣をまとった骸骨で表される》」とあります。

---

　② scythes went far and wide

　　ⓐ go:「（機械などが）動く、作動する」（AF）

　　ⓑ far and wide: over a large area「広範囲にわたって」
　　　They searched far and wide for the missing child.「行方不明の子どもを広範囲にわたって探した」（OALD）　far and

wideという表現は成句として語順が固定していて、単に2つの副詞がandによって緩く結ばれているわけではありません。つまり、farとwideの位置を交換することはできません。

4 **(scythes) cut it down to dry.**

① cutは過去形（wentの過去形と並ぶ）。

② it = grass

③ 不定詞to dryは「目的」：「dryするためにcutする」を示すとも「結果」：「cutしたあとdryする」を示すとも考えられます。
cf. p.49 THE LAMPLIGHTER 第3スタンザ *2*

第2スタンザ

1 **sweetly smelling drops**

「芳しい香りのする草」

① sweetly: 副詞、後続のsmelling（形容詞）を修飾。

② smelling: 現在分詞、形容詞として後続のdrops（名詞）を修飾。

③ drop:「しずく、滴り」「落下物」ですが、ここでは「刈り落とされた草」を表現していると考えられます。押韻のためにこの語が必要とされたのでしょう。

sweetly smellingに頭韻の[s]があります。

2 **They led in waggons home;**

① they = 草を刈った人たち

② led in waggons home;　in waggonsはかっこに入れて考えます。「（草をワゴンに積んで）家路に導く」　homeは副詞「我が家へ」。led（過去形）の目的語は1行目の'These ... drops'で、'drops'のあとに句読点がないことに気づいてください。

3 **in mountain tops**

① inは形状・配置を示します。「山の頂きの形に積み上げる」

② これ以降、mountain tops; mountaineers（4行目）や、Mount Clearなどの山の名前（第3スタンザ1行目、2行目）、mountains（第3スタンザ3行目）、hills（第4スタンザ4行目）と、mountainに関する語句が何回も繰り返し使われていることにも注意しましょう。散文では'mountain'と'hill'には意味上の違いが存在しますが、ここではリズムの関係で選ばれ、意味は問題にされていないように思われます。ここで、mountainとhillの違いを確認しておきましょう。mountain: a very high hill（LDCE） hill: an area of land that is higher than the land around it, like a mountain but smaller「周辺の土地より高い土地、mountainに似ているがそれより低い」（LDCE）cf. 第8章 pp.279-280 mountain / hill

4 **For mòuntainéers to roam.**

このforは次の不定詞の意味上の主語を示します。「登山者が歩き回れるように」

第3スタンザ

1 **Here is Mount Clear, Mount Rusty-Nail, —**

① Here is ～から始めて、山の名前を次々に紹介しています。isは単数名詞と共に使われる動詞の形ですが、ここでは4つの山の名が列挙されています。同様の用法が、There isから始まる構文にも見られ、その影響かと考えられます。

You use a singular form of 'be' when you are giving a list of items and the first noun in the list is singular or uncountable.「物を列挙するとき、最初に挙げた名詞が単数または不可算名詞の場合、be動詞の単数形を用いる」（Collins CEG 10.50）

mount: **Mount** part of the name of a mountain: *Mount Everest.*「Mountは山の名前の一部（〇〇山として）」「エヴェ

レスト山」（LDCE）

② 山の名としては子どもが付けやすい簡潔な語が選ばれています。日本語にする場合も原則としてそれを反映すべきですが、日本語である以上、日本の山岳文化を背景に考えると、すべて「〇〇山」とするとかえって不自然になると思われます。

2　**Mount Eagle and Mount High; ―**

最後の; ―は、「4つの山の名を挙げてみた。まだほかにもあるが省略」を暗示しているように思えます。cf. p.57【参考（8）：THE SWING 形式上の特徴 3）】、第1章 pp.31-32【参考（15）：ダッシュ（―）】

3　**The mice that in these mountains dwell,**

① = The mice that dwell in these mountains　言うまでもなく、押韻のために語順が入れ替わっています。thatは制限用法の関係代名詞（主格）。

② 1行目とこの行末の語のNailとdwellが韻を踏んでいないことは下記【参考（10)】で説明します。

【参考（10）：half-rhyme】

　先に、THE SWING の【参考（8）1）脚韻の不一致】（pp.56-57）で述べたように、THE HAYLOFT 第3スタンザ1行目の行末の語-Nailと3行目の行末の語dwellも完全な韻を踏んでいません。この現象は'half-rhyme'と呼ばれます。母音[-ei] [-e]は一致していませんが、最後の子音[l]は一致しています。同様にTHE SWING第3スタンザ1行目の行末の語greenと3行目の行末語againも母音[iː] [e]は一致していませんが、最終の子音[n]は一致しています。これも'half-rhyme'の例です。（Oxford Dictionary of Literary Terms）

3-4 **The mice that in these mountains dwell, / No happier are than I!** 「ネズミたちはぼくと全く同じくらい幸せだ」

この2行を散文にすると、The mice that dwell in these mountains are no happier than I! となります。ここのnoは、形容詞の比較級の前に置かれて、比べられているもの2者間に程度の差が少しもないことを表しています。

　分かりやすい例として、*This radio is no bigger than a matchbox.*「このラジオはマッチ箱ほど小さい」を考えてみましょう。than以下の内容は（「マッチ箱は小さい」はだれも反論できない真理、自明の理を表して）、常識的にはラジオのほうがマッチ箱より大きい、ということになります。このラジオはマッチ箱の大きさに比べて決して大きくない、つまり「マッチ箱に劣らず小さい」という意味になります。

　例文をもう1つ挙げましょう。*She looks no older than her daughter.*（SWAN 139.1）than以下は彼女の娘は若い（娘なのだから母親である彼女（主語）より若いのは自明の理）。「彼女（主語）の外見は自分の娘と若さの程度に全く差がない」つまり、「彼女は娘に劣らぬほど若く見える」という意味になります。よって3行目と4行目の意味は「この山に住むネズミたちはぼくに劣らず幸せだ」。「ぼくは幸せだ」という前提があることを意識することが重要です。

第4スタンザ

1-2 **O what a joy to clamber there, / O what a place for play,**

この2行はそれぞれ感嘆文ですが、4行目にある文末は感嘆符ではなくピリオドで終わっています。散文であれば、O what a joy to clamber there! O what a place for play! となるでしょうか。

clamber: climb slowly, using your hands and feet「両手両足を

使ってゆっくり這い登る」（LDCE）

3-4 **With the sweet, the dim, the dusty air, / The happy hills of hay.**

= The happy hills of hay with the sweet, dim, and dusty air.

この2行はwhat a place for playを修飾すると考えることもできます。感嘆詞はなく名詞止めです。

dim / dusty;　happy / hills / hayの2組に頭韻が見られます。

【鑑 賞】

　都会の子どものルイスにとって、普段見ることのないhayloft: the top part of the farm building where hay is stored（LDCE）「（干し草を置く）馬小屋〔納屋〕の二階」（ランダムハウス）は、田舎へ来たときにだけ味わえる、ぞくぞくするような楽しみを与えてくれる場所だったに違いありません。太陽の香りがする干し草の山のなかに体を埋めて、感覚の歓びを全身で受けとめる。一般的な日本人にとっては現在「干し草の山」は身近なものとは程遠いのではないでしょうか。モネの「積みわら」や、外国映画の場面でしか、お目にかかれないかもしれません。しかし、この詩にうたわれている嗅覚と触覚を同時に刺激される歓びは十分想像できますね。

【第2章の終わりに】

　約130年も前に書かれた英語にしては意外と読みやすいと思いませんでしたか。わずか4編しかご紹介できませんでしたが、これを機会に英詩に親しんでいただけたら幸いです。

　詩人が精選したことばを駆使して、独自の世界を創造する詩は、古来、文学形式の最高のものといわれています。

　なお、英語詩の形式についてすぐれた解説がなされている川本皓嗣著『アメリカの詩を読む』（1998年 岩波書店）を紹介しておきます。

第3章

イギリス児童文学　その3
『グリーン・ノウ物語』で知られたファンタジー作家による
「最高に美しい英語」とは?

Lucy M. Boston
Nothing Said

ルーシー・ボストン
『リビイが見た木の妖精』より

【 著者と引用作品について 】

　ルーシー・ボストン（Lucy M. Boston, 1892-1990）は英国、イングランドの北西部、ランカシャー（州）、サウスポート市に生まれました。父親がこの市の市長を務めた名門に育ち、オックスフォード大学、サマービル・コレッジで古典を専攻しましたが、1914年、第一次大戦が始まると、VAD（Voluntary Aid Detachmentの略：救急看護奉仕隊）の看護師として従軍することを決意し、退学しました。ロンドンの病院で訓練を受けた後、フランスの陸軍病院で看護師として働きました（良家の子女が看護の仕事に就くことは伝統的なことであり、珍しいことではありません）。ルーシーは因習的な考え方に反発し、自由奔放な青春時代を過ごしました。1917年従兄のハロルド・ボストンと結婚、1児、ピーターをもうけました。1935年には結婚を解消しますが、生涯ボストン姓を名乗っています。離婚後、絵画を学ぶためにイタリア、オーストリアに滞在しました。ピーター・ボストン（1918-1999）はケンブリッジ大学を卒業、建築家となり、母ルーシー・ボストンの数多くの作品に挿絵を描いています。もちろん*Nothing Said*の挿絵も担当しています。

　ルーシーは60歳を過ぎてから作家活動を始めた異色の作家です。日本では「グリーン・ノウ　シリーズ」でよく知られ、その中の1つ『グリーン・ノウのお客さま』（*A Stranger at Green Knowe*）は1961年度のカーネギー賞（1936年創設、英国児童文学の年間最優秀作品に与えられる賞）を受賞しています。

　1915年から、いつか手に入れたいと思っていたケンブリッジシャー（州）、ヘミングフォード・グレイに12世紀に建てられたノルマン様式のマナーハウスを1937年に購入、それからの生涯をその家で過ごしました。"All my water is drawn from one well ..." 「私の水はすべて一つの井戸から汲まれた…」（John Rowe Townsend, *Written for Children*, 1996）と自ら認めているように、この家は彼女

の多くの作品の源泉となり、舞台ともなっています。また、邸内に4エーカーの庭園を造り、造園家としても知られています。さらに、庭仕事のない冬の期間に制作したキルトの作品群はすべて彼女の独創によるもので、美術家としても創造的な才能を発揮しています（Diana Boston, *The Patchworks of Lucy Boston*, 1995）。

　左記に引用した、英国の作家、評論家であるジョン・ロウ・タウンゼンド（John Rowe Townsend, 1922-2014）は英語圏の児童文学の歴史を概説した著作 *Written for Children*（1974, Pelican Books）の中で、ルーシー・ボストンについて次のように書いています。そして、本書の第4章で扱うフィリパ・ピアス（Philippa Pearce）との比較もなされているので、以下に引用します。

These books, like *The Sea Egg* (1967) and *Nothing Said* (1971), are not stories for every child. Indeed, the last two are hardly stories at all; they are, to adapt a phrase of Mrs Boston's, almost wholly evocations of sense perception.

Mrs Boston can use words with the greatest beauty and   5
precision to describe a place or convey an atmosphere. Her style—clear rather than coloured—has the coolness and purity, the endlessly varied flow and sparkle of stream water; it is unsurpassed by that of any English children's writer, and is rivalled only, I think by Philippa Pearce's. But Miss Pearce   10
has more of the storyteller's gift, more of the novelist's power to create memorable people and the almost-architectural ability to complete a properly balanced and proportioned work.

　『海のたまご』（1967）と『リビイが見た木の妖精』（1971）同様、これらの本（同じ著者のほかの2作品）はどの子どもにとっても面白

く読める物語である、とは言いきれない。それどころか、『海のたまご』と『リビイが見た木の妖精』は全く物語ではない、といってもよいくらいである。ボストン夫人のことばを借りると、この2冊はほとんど全体が五感を喚起してやまない本となっている。

　ボストン夫人は場所を描き、あるいは雰囲気を伝えるために、最高の美しさと精密さでことばを駆使できる作家である。彼女の文体は──色彩感というより透明感を持ち──冷静さと高い純度を保ち、とめどなく移り変わる川の流れとそのきらめきである。文体に関して、英語圏の児童文学者の中で彼女を超えるものはいない。比肩できる作家はただ1人、フィリパ・ピアスのみであると私は考える。しかしピアスは物語を語る才能、読者の記憶に残る人物を創る小説家の能力の点ではボストン夫人を凌ぎ、さらに、適切なバランスと均斉を保つ作品を完成する、建築的といってもよい能力を備えている。

　短編 Nothing Said（邦訳名『リビイが見た木の妖精』長沼登代子訳）では、ロンドン育ちの少女リビイ（Libby）が、学校の6月の1週間の休暇中に、田舎に住む母の若い友人で画家のジューリア（Julia）の古い家に招かれて、大自然の中でさまざまな新しい体験を重ねる様子が描かれています。

　子どもが主人公になってはいますが、この短編の主人公は、実は 'the Babble' と呼ばれる川であるかもしれないと私は思います。ボストン自身もその自伝（2冊の自伝、Memory in a House, 1973; Perverse and Foolish, 1979があり、両者は1992年に合本され、Memories, 1992〈翻訳名『メモリー』2006, 立花美乃里、三保みずえ訳〉となる）のなかで、"... I wrote Nothing Said, in praise of rivers and waterfalls"「『リビイが見た木の妖精』を川や滝を讃えて書いた」と述べています。

　この章ではこの川に関する記述とその描写を中心に、5つのセク

ション（1〜5）に分けて、日本語で小見出しをつけました。上で引用したタウンゼンドの批評の的確さに、読者の皆さんはきっと共感できるでしょう。

1 リビイ、ジューリアの家に招かれる

　作品の冒頭の場面は省略しました。リビイは、両親が会議に出席する留守の間、伯母の家であずかってもらうと母親に言われます。「行きたくない」とごねるのを、そばで聞いていたジューリアが自分の家に招きます。

> "Would you like to come with me?" she now asked.
> "Yes, I would."
> "Then I can take you back in my car this afternoon. There will be no other children, but I live by a river, and that is very good company. And I have a dog."　　　　　　　　　　5

【日本語文】

　「私と一緒に来る？」と今度はジューリアが聞きました。
　「ええ、行きたいわ」
　「じゃ、午後に帰りの車に乗せて連れて行ってあげるわ。ほかに子どもはいないけど、私は川のそばに住んでいるの。その川はとてもよいお仲間よ。それに犬もいるわ」

【解　説】

1　"Would you like to come with me?" she now asked.
　　ここで直接話法で使われる「主語（だれが）動詞（言ったか）」

を思い出してください。第1章 p.9【参考 (6)】では主語が固有名詞であったとき、倒置が起こりましたが、ここでは主語 (she) が代名詞のため倒置が起こらず、主語+動詞の順になっています。Would you like + to do ...?：「(相手に) …するのはいかがですか」と丁寧に尋ねる定型表現。

2　**"Yes, I would."**

"Yes, I would (like to come with you)."

前行の問いに対する定型的答え。否定の場合はNo, I wouldn't. リビイの答えは「ええ、行きたいわ」。かっこ内は省略するのがふつう。ここのcomeは日本語では「行く」になります。cf. 第1章 p.15 *1*-② "I will come with much pleasure ...."

3　**I can take you back in my car ...**

take you backは直訳すると「あなたを帰す／戻す」となりますが、実際は 'back' は 'you' (Libby) ではなく、ジューリアに関わっていて、「私が家へ帰る車であなたを連れて行く」の意味になります。文法的な理解の範囲外の構文ですが、ネイティヴにはごく自然な表現として受け取られていますね。

3-　**There will be no other children,**

「(私の家へ行っても) (あなたの) ほかに子どもはいない (あなたの遊び相手の子どもはいない)」

法助動詞willは話し手 (ジューリア) の予告を示しています。ここでは確実度100%といえます。

4-　**but I live by a river, and that is very good company. And I have a dog.**

「(遊び相手として子どもはいない) が、(仲間として) 川があり、犬がいる」

① I live by a river, ... And I have a dog.

　　live: 習慣を表す現在形。have:「〈生き物を〉飼っている」(AF)

② a river, a dogの不定冠詞に注意。話し手のジューリアの頭の中では、特定の川、特定の犬ですが聞き手のリビイには初めて知る川、犬です。そのような場合に用いられる不定冠詞。両者が知っている場合は定冠詞theを用います。

③ that = river　前述したa riverを指示代名詞thatで言い換えています。

④ be good company: if someone is good company, they are interesting and enjoyable to be with「だれかがgood companyであるということはその人が一緒にいて興味がわき、楽しい人（話が合う人）だということ」(LLA) 'company'は不可算名詞であることに注意しましょう。この単語の使い方は日本人になじみにくいものです。(この辞典では、someone（単数形）を代名詞they（複数形）で受けています) *Rita's husband is away for the week, so I thought I'd go over and keep her company.*「リタのご主人は今週留守だから、彼女のところへ行って一緒にいて（話し相手になって）あげようと思った」(LDCE)

companyには「同席」という意味もあります。知人に招かれ、隣の席で食事をした初めて会った人から、別れ際に 'I enjoyed your company.'「同席できて楽しかったです」と言われた経験があります。

2　リビイ、翌朝ジューリアの家で目を覚ます

　犬のコブウェブ（フォックステリア種の雄犬。ひげがとても柔らかく、くもの巣（cobweb）みたいなのでそう名づけられた）はリビイが目を覚ますのを待ち構えていて、リビイが起きるとすぐ家の中を案

内し始めます。

　朝食の間まで来ると、ジューリアが窓際のテーブルに朝食を並べています。窓から見える庭の描写に次の1文があります。

At the lowest end was a bank, walled along the top, beyond which could be heard the river. 「庭が一番低くなった端に土手があり、その上には塀があります。塀を越えて川の音が聞こえてきます」

　上の文はセクション2の最後の2文とセクション3の最初の1文に関連しているのでここで引用しておきました。

　　“He (Cobweb) led me upstairs and then down again. I saw your river from the staircase window.”

　　“*My* river! That does sound grand. I don't think it belongs to anybody. It's just itself. It is called the Babble.”

　　“It's a pity you can't see it from here. That walled bank at　　5 the end of the garden is in the way.”

【日本語文】

　「コブウェブは2階へ私を連れて行って、それからまた下（階下）へ連れて下りてきたの。ジューリアさんの川、階段の窓から見たわ」

　「私の川ですって！　とっても豪勢な感じね。でもあの川はだれのものでもないと思うの。あの川はあの川以外の何ものでもないわ。バブル川というのよ」

　「ここから川が見えないのは残念だわ。庭の端にあるあの塀が邪魔になっているから」

【解 説】

1　　**He led me úpstáirs and then down again.**

　　①「私を2階へ導いた」　led [léd]（過去形）の原形はlead [líːd]

でしたね。この際確認しておきましょう。

② and then は2語で「それから」

③ down = down(stairs):「階下へ」 upstairs に対する語。「2階へ（それから）階下へと導いた」

2　**I saw your river from the stáircàse window.**

リビイが、your river と言ったのは昨日ジューリアが 'I live by a river, and that is very good company.' と言ったのを印象深く記憶していたからでしょう。

3　*My* river! That does sound grand.

① ジューリアの驚きの反応。*My* がイタリック体になっています。強勢のストレスを付けて読むこと。

② That does sound grand.

That はリビイが 'your river' と呼んだことを指して、「その呼び方は」の意味。does sound は sounds の強調形。この do は助動詞で〈do + 原形不定詞〉の形で使われ、述語動詞（ここでは sound）を強調します。強調のない文にすると That sounds grand.（SVC）となります。does [dʌz] に強調のストレスを付けて読みましょう。

grand:「すてきな、すばらしい」（Kenkyusha）

3-　**I don't think (that) it belóngs to anybody.**

直訳すれば「その川がだれかに属していると私は考えない」。同じ意味を表す文として、I think it doesn't belong to anybody.（その川はだれにも属していないと私は思う）のほうが、日本語としては自然に思えますが、英文としては think を否定する傾向があります。英語では否定語 not は動詞を否定して、文のはじめのほうに置かれると言えます。

think のほか、believe, suppose, imagine など、またそれらと同類の語が否定的な意味を持つとき、英語では、これらの動詞を

75

否定し、第2の動詞（上の文ではbelong）は否定形にしないのが通例です。*I don't believe she's at home.*「彼女は留守だと思います」（More natural than *I believe she isn't at home.*）（SWAN 359.1）

4　**It's júst itsélf. It is called the Babble.**

　① It's (=It is) just itself.（SVC）cf. pp.80-81【参考（2）】

　　「バブル川はまさしく（ほかの何物でもなく）バブル川そのものである」

　　　ⓐ It: 前文中のitと同じ。川の名前は次の文で初めて明らかにされますが、実質的にはIt = the Babble。

　　　ⓑ just: 強調を表す副詞ですから強調のストレスを付けて読むこと。「まさに、まさしく」

　　　ⓒ itself: 再帰代名詞で主語と補語が同じものを指すとき強調用法として用いられ、強調のストレスを置きます。（*It's it.）

　② the Babble　川の名前には定冠詞theを付けます。*the Rhine*「ライン川」、*the Thames*「テムズ川」

5　**It's a pity (that) you can't see it from here.**

　It's a pitty ... :「…なのは残念だ」　このItは仮主語で、that（省略）以下が実主語。この構文が使われるのは、長い主語（ここではthat you can't see it from here）が動詞の前に出てtop-heavy（頭でっかちで据わりが悪い）の文になるのを防ぐためです。

5-　**That walled bank at the end of the garden is in the way.**

　① wallは他動詞「塀を築く」で、walledは過去分詞形。walled bankは「塀で仕切られた土手」

　② at the end of ... :「…の端にある」　4語をまとめて、反対表現at the beginning ofと一緒に覚えておきましょう。

　③ be in the way:「邪魔している」　ここでは「視界を遮ってい

るること」（静的）cf. p.94 3-③ stand in its way（動的）。way を使った表現でよく使われるものに *on the (one's) way*「途中で」、*on my way to school*「登校中に」があります。

3 庭はバブル川の古い川床

"Behind that wall is the footpath. It has to be raised like that because the river sometimes floods."

"Then without a bank your garden would get flooded."

"It does anyway. That's why there is that causeway down the garden to the river. … You see, the river Babble long ago 5 was much bigger. All my garden is on the old river bed. If you dig down a little way you soon come to pebbles, just like the bottom of the river now. When the water rises, it finds its way through the gravel underneath the bank and fills up its old bed again. It happens most winters, but the house is high 10 enough up to stand clear."

【日本語文】

「あの塀の向こうには歩ける小道があるのよ。あんな風に盛り土が必要なのは川が洪水を起こす時があるからなの」

「それじゃあ、土手がなければお庭は水に浸かってしまうのね」

「土手があってもなくても水に浸かるの。そういうわけで庭のはずれから川へ出る道に石橋が渡してあるのよ。（省略）あのね、むかしバブル川は今よりずっと大きかったのよ。うちの庭は全部昔の川床なの。ちょっと掘ったらすぐに今の川底みたいに小石が出てくるわ。水かさが増すと土手の下の砂利を通って水が上がってきて、また昔の

川床を満たしてしまうの。これはほとんどの冬に起こるのだけれど、家は高いところにあるからそこまでは水は来ないのよ」

【解 説】

1　**Behínd that wall is the footpath.**

①「あの塀の向こう側には小道があります」

場所を表す副詞句 (A) + is(V) + 主語(S) は、SVA が倒置によって AVS になっています。SVA については cf. pp.80-81【参考 (2)：7文型】を読んでください。

② ふつう、この構文 (cf. 下記【参考 (1)】) では、主語が不定の（不定冠詞が付いた）ものが多いのですが、ここでは footpath が話し手と聞き手の間で共通の認識がある（ジュリアが指さしてリビイに説明している場面と考えられる）ので、定冠詞が付けられていると思われます。

③ fóotpàth: *especially BrE* a narrow path for people to walk along especially in the countryside「〈特に英〉人が歩く小道、特に田舎で人が歩く狭い小道」(LDCE)

> ### 【参考 (1)：倒置―場所の副詞表現のあとで】
>
> 〈場所を表す副詞句＋動詞（存在を表す自動詞：be, stand, lie など）＋主語〉は私が「定型表現」の1つとして扱っているものですが、使われる頻度は案外高いと思われます。意味は「〜（場所を表す副詞句）には…（主語となる名詞）が存在する」。使われる動詞はすべて完全自動詞（SVA 構文：cf. pp.80-81【参考 (2)：7文型】）で、be は「在る」、「存在する」の意味を表します。この構文を倒置の例として扱っている SWAN 299.1〈場所の副詞表現のあとで〉から説明と例文を引用します（SWAN の用語ではここでは clause は「文」と同じ）。

When an adverbial expression of place or direction comes at the beginning of a clause, intransitive verbs are often put before their subjects. This happens especially when a new indefinite subject is being introduced. The structure is more common in literary and descriptive writing. 「場所と方向の副詞表現が文頭にあるとき、自動詞は主語に先行する。特に新しい不定の（不定冠詞に伴われた ― 注：筆者）主語が導入されるときそれが起こる。この構文は書きことばとして文語文と説明文で最も多く用いられる」

　以下は、続けて挙げられている文例です。1)〜3)までは書きことば、4)は話しことばの構文です。

1) *Under a tree was lying one of the biggest men I had ever seen.*
　「木の下にこれまでに見た最も大きな男が寝ていた」

2) *On the grass sat an enormous frog.*
　「草の上に大きな蛙がいた」

3) *Directly in front of them stood a great castle.*
　「かれらの真正面に大きな城があった」

4) *Along the road came a strange procession.*
　「道沿いに変な行列がやって来た」

　以上の例から、主語が不定な（不定冠詞が付く）もので、lie, sit, stand, comeなどがこの構文で使われる典型的な自動詞であることが分かります。私の経験では、存在を表すbe動詞が「主語が〜（場所）にいる（存在する）」の形で使われている例を見ることが多いように思います。

　また、この構文がガイドブックに頻繁に使われているのも不思議ではありません。ガイドブックこそSWANの言う、'descriptive writing'（書きことばとしての説明文）の好例ではないでしょうか。*Opposite the Museum is an old house, bearing on the front the*

date, 1727. (*Illustrated Guide to Cambridge*, p.34)「フィッツウィ
リアム博物館の向かい側には正面に1727年と記された古い家屋
がある」

【参考 (2)：7文型】

　上記【参考 (1)：倒置―場所の副詞表現のあとで】で言及した
SVA構文を含む7文型を紹介します。日本の英語教育で今まで長
く使われてきた5文型の不備を修正するために2文型、つまりSVA
とSVOAを増やしたものです。もちろん、すべての文が5とか7と
かの文型に分類されるわけでないことは言うまでもありません。し
かし、5文型が今まで実用に役立ってきたことは否定できません。
そのうえで、5文型の不備を7文型に拡大修正しようという考えで
す。(下記7文型の表はQuirk 2. 16 p.53からの引用、一部不要な
記号を削除)

Clause types

	S(ubject)	V(erb)	O(bject(s))	C(omplement)	A(dverbial)
Type *SV*	Someone	was laughing			
Type *SVO*	My mother	enjoys	parties		
Type *SVC*	The country	became		totally independent	
Type *SVA*	I	have been			in the garden
Type *SVOO*	Mary	gave	the visitor a glass of milk		
Type *SVOC*	Most people	consider	these books	rather expensive	

| Type
SVOA | You | must put | all the
toys | | upstairs |

SVA、SVOA の構文では A(dverbial)「副詞的語句」がそれぞれの
述語動詞（be、put）に義務的に必要な要素であること、A は「場
所」を示していることが納得できます。

1- **It has to be raised like that ...**

① It = the walled bank

② has to be raised like that ... :「あのように盛り上げられなけれ
ばならない」

〈has + to be〉の連なりに気づいてください。3語を1語のよ
うに [hǽstəbi] と発音します。

3 **"Then without a bank your garden would get flooded."**

① 仮定法過去です。現実と反対のことを仮定しています。現実
には土手があります。「もしこの土手がなかったら」と考える
のは現在の事実ではないことを仮定していることになります。
もちろん without a bank の代わりに if it was/were not for a
bank, your garden would get flooded. と言うこともできます。
仮定法のルールは現在の事実に反する仮定（仮定法過去）の
場合は従属節、主節ともに過去形を使います。cf. 第1章
pp.22-23【参考（11）】

② get flooded:「水浸しになる。冠水する」 flood「冠水させる」
という他動詞の過去分詞形（形容詞として働く）が、get に続
いた形です。cf. get tired/bored（動的）

4 **It does anyway.**

① does = gets flooded 〈代動詞 do〉ここでは先行する動詞 gets
の反復を避けて does が用いられています。

② anyway:「どちらにしても（土手があってもなくても）」

4- **That's why there is that causeway down the garden to the river.**

① 〈That's why + 節（S + V）〉：「そういうわけで…である」

② there is that causeway down the garden to the river.

    ⓐ cáusewày: a raised road or path across wet ground or through water「低湿地か水の流れに渡した一段高く作った道あるいは小道」（LDCE）　原著ではあとに同じものが stone causeway と書かれているので、この causeway は石製です。

    ⓑ down the garden to the river: down は名詞の前にあるので前置詞。「庭の下手（端）から川へと通じている」　石橋（causeway）を修飾。

    ⓒ there 構文（存在文）には、ふつう不定の名詞（不定冠詞付きの単数名詞または無冠詞複数名詞）が主語として示されるという原則がありますが、それに反して、ここでは〈指示代名詞 that + 名詞〉のような定の名詞が使われています。ここはジューリアがリビイに庭を見ながら説明している場面ですから、「あの石橋」と、指で示しているのでしょう。文脈や場面から、聞き手にもそれと分かる（と話し手が考えている）ものを示すときは定冠詞や指示代名詞の付いた定表現が用いられる例です。Behind that wall is the footpath と同じケースです。

5- **You see, the river Babble long ago was much bigger.**

① You see,:「《会話》ですから、ほら、あのね。（相手に何かを分からせたいときに用いる）」（AF）

② much bigger: 比較級の強調を示すのは much で、very は使えません（*very bigger）（very much なら可）。ほかに far / a bit / a lot / a little / even などは比較級の強調の意味で使うこ

とができます。

7　**a little way**

少しの距離（ここでは深さ）を意味しますので、「ちょっと掘れば」。反対語句はa long way。*I was still a long way from home.* 「まだ家から遠いところにいた」（LDCE）

8　**When the water rises,**

rise:「〈川などが〉水かさを増す」（AF）

8-　**it (=the water) finds its way ... and fills up its old bed again.**

「水は流れる道を見つけて、…昔の川床に再び上がってくる」

cf. *Rivers find their way to the sea.* 「川は海へ流れていく」（英和活用大辞典）

10　**It happens most winters,**

「それはたいていの冬に起こります」

① It: 前文にあるような状態

② most: nearly all（LDELC）

10-　**the house is high enough up to stand clear.**

「家は洪水の水をかぶらないほど高いところにあります」

① 〈形容詞＋enough＋to不定詞〉で「…するほど（形容詞）の状態である」。ここではhigh enoughにup（副詞）が加わって「上方に高く」

② stand clear: clearは形容詞「（障害物、じゃま物）のない」（AF）。cf.「（じゃま物・危険物から）離れて（of名詞）」（AF）　keep/stay/steer clear (of): avoid someone or something because of possible danger or trouble「危険あるいは厄介なことになる可能性を避ける」（LDCE）　stand clear of:「…から離れて立つ」（Kenkyusha）

ここではof以下は省略されていますが、入れるとすればThe house stands clear of floodwater.となります。起こりうる危

83

険は洪水です。「家は洪水の危険から離れている」つまり、「洪水の危険は家まで及ばない」の意味です。なお、standは補語（形容詞）をとり（SVC構文）、「（形容詞）の状態である」を意味する動詞（静的）。「立つ」（動的）意味はありません。

4 天国の中心を流れるバブル川

　リビイはコブウェブに案内されて庭の外の小道へ出る。花の香りのする田舎の空気。風はその香りを動かしていつも新鮮な空気に入れ替えている。のびのびと自然に枝を広げた木々の姿。野の花など細かいところが目に入ってくるが、やがてリビイはこの天国（this paradise）の大きさに気づく。そして、初めてバブル川と対面する。

　　Most wonderful of all, and running through the whole of it, filling it with thrilling sound, was the Babble. It was the kind of river that has gravel and pebbles at each side and flows round and over big stones in the centre. Over each smooth boulder it made a waterfall, and under each waterfall 5 **there was an eddy with bubbles circling round and round. Little rapids escaped from the eddies in any direction they could find, and hurried along to the next hold-up. The whole stream flashed in the sun and chattered like a swarm of children. Swallows circled and dipped to the surface, or sat** 10 **on an overhanging branch to sing. Their song was a non-stop ripple, as if they had learnt it from the river.**

【日本語文】

　すべてのもののうち最もすばらしいもの、この天国全体を貫いて流れ、心をぞくぞくさせる音で満たしているのは、バブル川でした。この川は両岸に砂利と小石があり、川の中央では水が大きな石を回ったり、乗り越えたりしながら流れているような川です。それぞれの滑らかな大石の上では滝を作り、それぞれの滝の下では泡立った渦がぐるぐる回っています。その渦から小さな急流が自分の行ける方向ならどこへでも行こうと逃れ、次にせき止められるところまで急ぎます。川全体が陽の光にきらめき、大勢の子どもたちがとめどもないおしゃべりをしているような音を立てています。ツバメたちが旋回して川の表面に急降下し、水面に張り出している木の枝に止まって歌を歌います。その歌は川から習ったかと思わせる絶え間ないさざ波です。

【解　説】

1- **Most wonderful of all, and running through the whole of it, filling it with thrilling sound, was the Babble.**

　① most wonderful: 形容詞 wonderful の最上級。

　② 2つのitはどちらも(this) paradiseを指します。この語はセクション4の引用冒頭の文より前に出ており、取り上げたテキスト上にはありませんが、セクション3と4をつなぐ日本語の文には入れてあります。省略されている文では、初めは自然の細部の美しさに心を奪われたリビイが、次に「この天国」の大きな広がりに気づく様子が描かれています。

　③ fill A with B:「AをBで満たす」

　④ 2行から成るこの文は強調による倒置文（V+S）です。文型はSVCの変化形、C_1 and C_2, C_3 + V + S となっています。most wonderful ... (C_1), and running ... (C_2), filling ... (C_3) was (V) the Babble (S). C_2とC_3は分詞構文です。and running ...（C2）ですが、文法的にはこのandは不要です。作者がリズムの関係で入れたと思われます。

現在（過去）分詞が中心となって文全体を副詞的に修飾する句を、分詞構文と言います。フォーマルな文体です。分詞（ここでは現在分詞）runningとfillingの意味上の主語は、主文の主語（ここではthe Babble）と同じです。

2-　**It was the kind of river that has gravel and pebbles at each side and flows round and over big stones in the centre.**

　①　thatはバブル川がどんな種類に分類されるかを述べている節を導く関係代名詞（主格、先行詞はriver）。thatに導かれた2つの節（制限用法）の動詞は、現在も変わらない川の性質を述べているので、〈時制の一致〉の例外として、現在形（has; flows）が使われていることに注意。

　②　grável: [U = uncountable] small stones, used to make a surface for paths, roads etc.「[不可算名詞] 道の表面を作るために使われる小石」（LDCE）「砂利」（AF）

　③　pébble: [C = countable] a small smooth stone found on the beach or on the bottom of a river「[可算名詞] 海辺や川底にあるすべすべした小石」（LDCE）「（海辺や川原の）（丸い）小石」（AF）　可算名詞であることに注意。道理で原文ではpebblesと複数形になっていますね。

【参考 (3)：類義語 (synonym)―stone 】

　類義語の意味の違いを探るよい機会です。gravel, pebbleはどちらも 'small stone' と定義されていますのでこの2語は類義語であることが分かります。類義語を知ることは、自分の知っている単語を整理、分類でき、無意識のうちに単語力の増大に貢献してくれます。同じ小石でも、前者は日本語では「砂利」

に当たるものでしょうか。**gravel**を構成する小石は、実際には数える状況にはなく、つまりある程度の量として認識されるものです。だから不可算名詞なのです。これに比べて**pebble**は、海岸や川岸で私たちが見つける、水の力で角が取れたきれいな石で、気に入ったものは拾いたいと思わせるような石です。1個、2個と数えられるものです。このように類義語を調べるときは英英学習辞書（LDCEなど）が大いに役立ってくれます。

④ at each side (of the river):「川のそれぞれの側（岸）で」

⑤ flowsの主語は？　1行上のriverを先行詞とする関係代名詞that（主格）です。

⑥ round and over big stones ... : roundとoverはともにbig stonesに付く（big stonesを目的語としてとる）前置詞で、意味は「大きな石を回り、越えて（流れる）」。roundは〈英〉。〈米〉ではaroundが使われます。

⑦ centreは〈英〉のスペリング。ほかにtheatreなど。

4- **Over each smooth boulder**

bóulder: a large stone or piece of rock（LDCE）　もう1つstoneの類義語が現れました。こちらは明らかに前出のgravelやpebbleより大きな石です。rock: a piece of stone, especially a large one（LDCE）とあります。水がその上を流れるときは滝を作るほどの大きさであることが分かります。この語が導入されたのは、前の行のbig stonesを言い換えるためです。英語では同じ語を繰り返すことを避ける傾向があります。これを知っておくと、新出の単語や表現に惑わされることなく、英文がぐっと読みやすくなります。

6 **there was an eddy with bubbles circling round and round.**

eddy: a circular movement of water, wind, dust etc.「水、風、

埃などの環状運動」（LDCE）　次の with bubbles circling round and round:「泡がぐるぐる回る状態で」では〈付帯状況を示す with〉が使われています。

7-　**Little rapids escaped from the eddies in any direction they could find, and hurried along to the next hold-up.**

① rápids: (plural) part of a river where the water looks white because it is moving very fast over rocks; WHITEWATER *AmE*「（複数形）とても速く岩上を乗り越えて流れるので、水が白く見える川の部分、〈米〉では WHITEWATER」（LDCE）　親切な定義で、目に見えるような描写（description）です。英和辞典ではそっけなく「早瀬」、「急流」と簡潔に訳語を与えその役割を果たしていますが、このとき白い色まで目に浮かんでますか。ふつう私たちは2つの訳語を目にし、暗黙の裡に意味を理解していると思い込んで白い色まで目に浮かんできません。これは英英辞典を使うメリット、ご褒美です。rapid（形容詞）「速い」に関連した名詞であることもこの語の意味を知る助けになります。

② in any direction (that) they could find: 制限用法の関係代名詞の目的格は省略できます。they = rapids「小さな急流は見つかる方向のどこへでも」

③ hurried along: along は副詞。「急いで（前方へ）進む」

④ hold-up:「（進行の）中断、妨害」ここでは「障害物」「（拳銃による）強盗」という意味で使われることもあります。

8-　**The whole stream flashed in the sun and chattered like a swarm of children.**

① stream: a natural flow of water that moves across the land and is narrower than a river　「陸地を流れる自然な水の流れで、川幅は river より狭い」（LDCE）　stream は river を言い

換えています。同じバブル川の言い換えであることを確認してください。同一語の反復を避けるために類義語が機能する場面です。厳密にいえば、streamはriverより狭い川ですが、バブル川の大きさではどちらの語も使えることが分かります。

② chatter: talk quickly in a friendly way without stopping, especially about things that are not serious or important「親しい仲間と早口でとめどなくしゃべる、特に軽い話題で」(LDCE)この定義のwithout stoppingという部分が最も重要なカギです。川のとめどない流れになぞらえているからです。

③ a swarm of: 1)「(昆虫などの) 群れ」*a swarm of bees*「ミツバチの群れ」2)「大勢 (の…)、群衆」(AF)。ついでに、crowdの類義語を整理しておきましょう。(以下もAF)

crowd:「混雑している集団」

swarm:「うるさく手に負えない集団。動物や昆虫の集団」

throng:「ある目的のために前方へ押し合っている集団」

10- Swallows circled and dipped ..., or sat on an overhanging branch to sing.

① Swallows (主語) の3つの動詞 (circled, dipped, sat) を確認すること。

② dip:「〈飛行機、鳥などが〉急降下する」(プログレッシブ)

③ an òverhánging branch:「川の上に張り出している枝」 よく見る光景です。

11- Their song was a non-stop ripple, as if they had learnt it from the river.

① Their = swallows'

② ripple: a small low wave on the surface of a liquid「液体の表面に生じる小さな低い波」(LDCE) waveの類義語です。「さざ波」という美しい日本語があります。

③ as if they (swallows) had learnt it (song) from the river.

「ツバメたちはバブル川からその歌を習ったかのように」

過去完了形で書かれています。learntは〈英〉の過去分詞形。

【 参考 (4) :〈日・英語の比較〉文体の差異 】

　原文は時制の一致の例外を除き、地の文はすべて過去形で書かれています。日本語にするとき、英語にそろえて過去形にすると大変機械的で不自然に聞こえます。これも日本語と英語の文体の特徴的な差異と考えられます。

　セクション4と5の間には前日から大雨が降った場面が省略されています。

　4と5の引用部では作者が川の流れを非常に正確な目でとらえ、それらの語を巧みに駆使して表現しているさまを知ることが味わいどころです。

　セクション4と5で使われている単語の多くは類義語を含む川の関連語です。読者の皆さんもご自分で整理してごらんになったらいかがでしょうか。

5　すっかり変わってしまったバブル川

　前日から大雨が続く。リビイは雨の音を聞きながら寝入り、朝を迎える。

When Libby woke in the morning these watery noises were still going on, but the river was no longer chattering. It was laying down the law angrily, and nothing was going to

stand in its way. Through every window she heard it as she
came downstairs from the bathroom.   5

　　"Come and look at the river," said Julia. "You won't
recognize it."

（省略）(In gumboots and mackintoshes they ... mounted the
bank.) ...

　　The shingle on either side of the stream had vanished
under water. The Babble, brown with sand and clay and twice
as wide, was roaring along in rapids and spurts of foam. It   10
was well below the top of the bank, but Julia said there was a
lot more water to come. There had been cloud-bursts on the
hills from which the Babble sprang. "A flood in summer will
be new to me, but we might get one if this rain goes on."

【日本語文】

　リビイが朝目覚めたとき、これらの水の音はまだ続いていましたが、バブル川はもうおしゃべりをしているどころではありません。怒りにまかせて「何者といえども我輩の邪魔はさせないぞ」と高圧的に命令を下していました。リビイが浴室から階下へ降りてくる間ずっとどの窓からもバブル川の轟音が聞こえました。

　「川を見に行きましょう。きっとバブル川だと見分けがつかないと思うわ」とジューリアが言いました。

（省略）（ゴム長靴をはきレインコートを着て2人は…土手に登った）
…

　川のどちらの岸の小石も水の下に消えてしまっていました。バブル川は砂と泥で茶色になり、川幅も2倍に広がって、急流となり、泡を噴き上げながら吠え声をあげて流れています。水位は土手の最上部

からはかなり低いのですが、ジューリアは、もっと多量の水が来ると
言いました。バブル川の水源地の山で土砂降りが続いていたのです。
「夏の洪水というのは私には初めてのことだけど、この雨が続いたら
洪水に見舞われるかもしれないわ」

【解説】

1- **When Libby woke in the morning these watery noises were still going on, ...**

　① these watery noisesというのはリビイが前夜から寝室で聞い
　　ていた大雨のはげしい音です。

【参考 (5)：類義語—sound】

　noise: sound, especially a loud or unpleasant sound「特に大
きな、不快な音」（LDCE）　この定義からnoiseはsoundの類義
語であることが分かります。LDCEでは、この項の下にUSAGE
NOTE: NOISE WORD CHOICE: noise, sound, racket, voiceとあり、
この4つの類義語の定義と例文が記載されています。A **sound**
is anything that you hear:「どんなものでも耳にする音」 *I love
the sound of the sea:*「海の音が大好き」　A **noise** is usually an
unpleasant sound, often not made by a person:「ふつう不快な
音、人間の発した音でないことが多い」 *They had to shout to
make themselves heard above the noise of the machine.*「機械の
騒音に消されないために、自分たちの声が（人に）聞こえるよ
う大声を張り上げなければならなかった」　A **voice** is the
sound of a person speaking or singing:「人の話し声、歌声」
We heard voices outside.「外で人の声がした」　A **racket** is an
informal word for a loud unpleasant noise:「不快な大きな音に
用いるインフォーマル（口語的）な語」 *They're making a hell*

92

of a racket next door.「隣家ではものすごい音を立てていた」
racketはinformal word（口語体）なので、その特徴として、例
文にはThey'reのような縮約形、a hell of a …「ひどい、ものす
ごい」のような口語に独特な表現が用いられています。4語の
うち、意味論という言語学の分野では、soundが一番一般的な語、
つまり、ほかの3語の意味に代わることができる「上位語」で、
ほかの3語はより特殊な意味を持つ「下位語」と呼ばれ、類語
関係にある4語を上下関係で見ることができます。

② ... were still going on, ...　過去進行形は動きの継続を示して
　いています。

2　**but the river was no longer chattering.**
was no longer (= not ... any longer) chattering　過去進行形
「もはやぺちゃくちゃおしゃべりなどしていない」p.84 8-10行目
に、'The whole stream ... chattered like a swarm of children'と
あったのを思い出してください。あのときと川の様子が一変して
いるのが分かります。

2-　**It was laying down the law angrily,**
was laying down　3つ目の過去進行形。進行形が使われている
のは「一時的な現象」（3例とも、大雨の後の大量の水を流して
いるバブル川）を述べているからです。これに対して現在時制
の動詞は「習慣的動作」を示し、バブル川も普段はflowsして
います。cf. p.84 4行目

lay down the law: tell other people what to do, how they
should think, etc, in an unpleasant or rude way「無愛想に、
またはぶしつけに、なにを行うべきか、どう考えるべきかなどを
人に命じる」（LDCE）「高圧的に命令する（言う）」（AF）

3-　**and nothing was going to stand in its way.**

① 第1章 pp.32-33【参考 (16)】ですでに扱いましたが、ここで使われている2・3人称を主語とする〈be going＋to不定詞〉について復習しましょう。まず、'be going'という形が目に入り、進行形ではないかと考える人がいるかもしれませんが、ここでは〈be going＋to不定詞〉がセットで、文法的機能を備えています。第1章では法助動詞を学びましたが、ここの〈be going＋to不定詞〉も法助動詞の一種と考えることができます。「疑似法助動詞」と名づけている研究者もいます（Jennifer Coates, *The Semantics of the Modal Auxiliaries*）。

AFは〈be going＋to不定詞〉:「《話し手の意図・おどしなどを表して》（主語に）…させるつもりである（2人称・3人称の主語がくる）」という有益な説明を載せています。ここではnothingという3人称が主語になっています。

② andのあとにshouting thatが省略されていると考えましょう。直接話法に換えて "Nothing is going to stand in my way." と偉そうに言い放っているのは、擬人化されたバブル川です。「何者といえども我輩を邪魔すること、相成らん」と叫んでいるのです。3人称nothingが主語ですから話し手（バブル川）の意図・おどしを表し、主語（nothing）にstand in my wayはさせないと叫んでいます。

③ stand in its way ＜ stand in a person's way / stand in the way of a person:「（人の）行く手を阻む、じゃまをする」（AF）
cf. be in the way pp.76-77 5-③

4- **as she came downstairs from the bathroom.**

① as she came downstairs ... :「階下へ降りてくる間」 ここのasは同時性を示しています。

② báthròom: room where there is a bath, basin, etc, and sometimes a toilet「浴槽と洗面台など、時にはトイレがある

部屋」（LDCE）

私の経験では、英国ではほとんどの家で浴室は2階にあり、トイレが付いています。階下にはトイレだけの部屋もありました。

6- **"You won't recognize it."**

① won't: ［口語］will not の縮約形。ここの will（法助動詞）は〈未来に関する話者の推測〉を表します。「きっと〈あなたは〉分からないだろうと（私は）思う」

② récognize it:「（外見・特徴などから）…の見分けがつく」「識別する」（AF）つまり、「バブル川を見て、バブル川だと分かる」

8- **The shingle on either side of the stream had vanished under water.**

① shingle: small round pieces of stone on a beach 「海岸にある小さな丸い石」（LDCE）　また stone の類義語の出現です。AFには「1（集合的）（海岸などの）小石、砂利。（gravelより大きい）2 Ⓒ 砂利浜」という記述があります（Ⓒは可算名詞の意味）。ここでこれまでの stone の類義語として gravel、pebble、boulder、shingle があったことを復習しておきます。原文にはありませんが私たちがよく知っている rock も stone の類義語です（cf. p.87 4- boulder の定義）。LDCE（1995年版）には海岸のカラーの絵のページ（p.1019）があり、shingle beach と書いてある場所は陸地に近く、貝殻の破片や小さな砂利のような小石が集まっています。裸足で踏めば足の裏が痛そうです。少し離れた場所には sandy beach があり、ここは踏み心地がよさそうです。この英英学習辞典からは多くのことが学べます。（残念ながら1995年版以外の版にはありません）

② ここでも the stream は the river の言い換えです。pp.88-89 8-①

③ the shingle ... had vanished under water.　過去完了形、「だから見えなくなっていた」

9- **The Babble, brown with sand and clay and twice as wide, was roaring along ...**

① この文も過去進行形。川の流れの刻々とした動きを感じとりましょう。

② 2つのカマに挟まれた部分を挿入句としてかっこの中に入れて解釈します。「バブル川はうなり声をあげながらどんどん流れていきました」　かっこ内は「砂と泥で茶色になり、2倍の大きさに川幅を広げて」となり、The Bubble を修飾していることが分かります。関係代名詞（which）とwasが省略された関係代名詞の非制限用法と考えることもできます。

③ clay:「粘土、土、泥」(AF)

④ twice as wide:「幅が2倍の」

⑤ roar: make a deep, very loud noise: *We heard a lion roar.* (LDCE)　音を表す単語は、擬音語を含めてたくさんあります。この例文のように「ライオンが吠える声」と具体的にイメージして覚えると効果的です。ここを日本語で「ライオンの（ような）吠え声を立てて」としてもいいかもしれません。

⑥ along: (副詞)「（どんどん）先へ、前へ、進んで」(AF)

10 **in rapids and spurts of foam.**

① 前置詞 in は「の形状をなして」の意味。rapids 同様 spurts も in の目的語。「急流となり、泡の噴出となって」cf. 第2章 p.62 3 ①

② foam: a mass of small bubbles on the surface of something such as the sea or coffee which are formed when air mixes with a liquid「海やコーヒーのようなものの表面にできる小さな泡の集まりで、空気が液体と混じったときにできる」(LDCE)日本語ではbubbleとfoamは同じ語「泡」で表します。*soap bubbles*「シャボン玉」*foam on the beer*「ビールの泡」

shaving foam「シェービングクリーム」

10- **It was well below the top of the bank,**

「バブル川は土手の最上部からかなり下のほうで流れていた」

well は below 以下を修飾している副詞で、「かなり、相当に」

11- **Julia said there was a lot more water to come.**

① 間接話法で書かれた文。直接話法に書き換えてみると、Julia said, "There is a lot more water to come." 〈時制の一致〉の原則によって is が was に変わりました。

② a lot は more（比較級）を強調。「さらに大量の水」more と重なって日本語には反映できません。cf. pp.82-83 5-② much bigger

③ more water to come は、不定詞の形容詞用法。直前の名詞（water）を意味上の主語とします。「もっと多量の水が来る」

12- **There had been cloud-bursts on the hills from which the Babble sprang.**

① この文は前文のような Julia said という話法のマーカーがありませんが、前文の間接話法に続く文と考えてよさそうです。前文（a）「もっと多量の水が来る」とこの文（b）「水源地の山に土砂降りの雨が何回か降った」は（a）と（b）の間に結果・原因の関係があり、その時間差が（a）の過去形、（b）の過去完了形で示されています。

Julia said が省かれているこの話法は**中間話法**または**描出話法**と呼ばれています。直接話法として "There were cloud-bursts on the hills from which the Babble springs." という文が想定できます。地の文として、作者がジューリアの代弁をしていると考えてもいいでしょう。

② clóud-bùrst: a sudden storm（LDCE）　辞書ではハイフンなしの1語。「（突然の）土砂降り」（AF）

③ 前置詞付きの関係代名詞from whichと先行詞hillsをつなげ
ると The Babble sprang from the hills. 「バブル川は山地を水
源とする」という文が得られます。sprangと過去形になって
いるのは〈時制の一致〉によるものです。

④ spring from:「…から湧き出る」

13- **"A flood in summer will be new to me,**

「もし夏に洪水が起きると、（きっと）それは私には初体験になる」
法助動詞willは未来の確定的なことだと話し手が考えている事
柄を予告して述べています。cf. p72 *3-*

p.83 *10*に It happens most winters とあります。

14 **we might get one if this rain goes on."**

①「mightはmayより実現の可能性が低いことに用いるといわれ
るが、実際にはほぼ同様に用いる」(AF)（cf. 第4章 p.108 確実
性のスケール）mightとmayはともに可能性を表す法助動詞。

② one = a flood 「この雨が続けば洪水になるかもしれない」
oneは不定代名詞。既出の単数名詞（a flood）の代わりとし
て使われています。

③ if以下で事実に反することを仮定しているわけではありませ
んから、この文は仮定法ではありません。if以下は条件を表
す副詞節で、未来について言及していますが、動詞は現在形（こ
こではgoes）を用いるのが原則です。

【第3章の終わりに】

このあと、ジューリアの庭は川底から上がってくる水で浸され、6
月の熱い太陽の下で、リビイは裸になって水遊びをします。木も花
も空も鏡のような水に映って庭はいつもの2倍の美しさで満たされま
す。ここの部分はこの物語の中で最も印象的な場面と言っていいで
しょう。ぜひ続きを読んでいただきたいと思います。

第4章

イギリス児童文学　その4
名作『トムは真夜中の庭で』の作者による短編
おやじ関白のお父さんとお父さん思いのヴァルは?

Philippa Pearce
'The Great Blackberry-Pick'
from *What the Neighbours Did and Other Stories*

フィリパ・ピアス
「ブラックベリー狩り大会」より

【 著者と引用作品について 】

フィリパ・ピアス（Philippa Pearce, 1920-2006）は英国のケンブリッジシャー、グレイト・シェルフォードに生まれました。父親はこの地で製粉工場を営んでいました。ケンブリッジ大学のガートン・コレッジで学士号（英語）と修士号（歴史）を取得。BBC放送局の学校放送部門で脚本を書き、プロデューサーとしても活躍。のち、出版社で子どもの本の編集に携わりました。

作品中最もよく知られているのは『トムは真夜中の庭で』（*Tom's Midnight Garden*, 1958）で、1958年度カーネギー賞を受賞しています。第3章でも紹介した、ジョン・ロウ・タウンゼンド（John Rowe Townsend, 1922-2014）という評論家、作家は、英語圏の児童文学の歴史を概説した著作（*Written for Children*, 1974, Pelican Books）の中で、この作品を「ピアスだけが書けたであろう作品」（p.246）、「戦後（1945年以降）30年間の英語圏における児童文学の最高傑作」（p.267）と激賞しています。

本章のテキストはフィリパ・ピアスの短編 'The Great Blackberry-Pick'「ブラックベリー狩り大会」から冒頭部の抜粋です。この作品は *What the Neighbours Did and Other Stories,* 1972『近所の人達のしたこと、他』という題の短編集に収録されています。

タイトルになっている 'The Great Blackberry-Pick' の great には皮肉が込められています。この短編を読んだ後で分かることですが、去年まで一家5人の総出で行われていたらしいこの「ブラックベリー摘み」の行事も、今年は欠席者2名。お父さんにとっても結果はあまり楽しいものとは言えませんでした。それにもかかわらず、'great' とは！ 日本語では「大会」として皮肉を込めてみました。

邦訳として猪熊葉子訳『まよなかのパーティー』（冨山房、1985）、ペンギン版の原書と長沼登代子注釈・解説の小冊子がセットになった『フィリパ・ピアス傑作短編集』（南雲堂、1994）が出版されています。

ここでは、5つのセクション（1～5）に分けて引用します。

1 もったいない精神

   Dad was against waste—waste of almost anything: electricity, time, crusts of bread. Wasted food was his special dread. Just after the summer holidays, nearing the second or third Saturday of term: 'Sun now,' he would say, 'frost later; and pounds and pounds and pounds and pounds of *5*blackberries out in the hedges going to waste. Good food wasted: bramble jelly'—their mother flinched, perhaps remembering stained bags hanging from hooks in the kitchen—'jelly, and jam, and blackberry-and-apple pies ...' He smacked his lips. Dad seemed to think he must mime *10*enjoyment to make them understand.

【日本語文】

　お父さんは無駄というものに反対だった。それがおよそどんな無駄であっても。電気、時間をはじめとし、パンの耳に至るまで。なかでも食べ物の無駄は彼にとっては恐怖といってよかった。夏休みがちょうど終わったころ、新学期が始まって第2週か3週の土曜日に近づいたころのことだった。いつものようにお父さんは言うのだった。「今は天気がいいけど、ぐずぐずしていると霜が降りるぞ。そうなりゃ生け垣の何十ポンド、それこそ何百ポンドという大量のブラックベリーが無駄になってしまうんだ。いま新鮮な食べ物が無駄にされるってことになる。ブラックベリー・ゼリーが」――ここでお母さんの心は動揺した。もしかしてキッチンの掛け具に並んでいるシミの付

いた袋を思い出したからかもしれない――「ゼリーや、ジャムやブラックベリーとリンゴ入りパイ…」お父さんは両唇でパッと音を破裂させる。どうやら家族が分かるように、おいしいものを食べた時に立てる音を示さなければならないと考えたらしい。

【解 説】

1- **Dad was against waste―waste of almost anything: elèctrícity, time, crusts of bread.**

① wasteが無冠詞であることに注意しましょう。抽象概念としての「無駄」を問題としているからです。

② against:（前置詞）「…に反対して」

③ waste of almost anything:「およそどんなものでも無駄をすること」　肯定文でany(thing)が用いられるのは「どれ（どんな）〜でも」を意味します。waste ofのofは〈目的格のof〉と言われるもので、ofの目的語anythingとの間は〈他動詞＋目的語〉の関係、つまり、「anythingをwasteする」の関係が成立しています。cf. the love of God「神への愛」　We love God. という関係（AF）

④ crust: the hard brown outer surface of bread「パンの茶色の硬い外皮」「パンの耳」　*cucumber sandwiches with the crusts cut off*「耳を切り落としたキュウリのサンドイッチ」（LDCE）見栄えのするサンドイッチを作るときは切り落としてしまいますね。つまりお父さんは「もったいない精神」の塊のような人ですね。これだけで私はこのお父さんに共感し、大きな親しみが湧いてきました。

2- **Wasted food was his special dread.**

① wasted food = food (that is) wasted:「無駄にされた食べ物」

② dread: a fear of something in the future「将来起こることに

102

対する恐れ」(LDCE)

【参考（1）：類義語—fear 】

fear: 「恐怖・恐れ」を表す最も一般的な語。

fright: 突然の激しい恐怖。

horror: 嫌悪によるぞっとするような恐怖。

terror: 身がすくんで動けなくなるほどの極度の恐怖。

dread: 将来起こりうることに対する極度の恐れ。(AF)

　「ホラー映画」「テロリスト」など、日本語になっているもの
もありますね。

---

　③ his special dread:「とりわけ彼に恐怖を与えるもの」「なかで
　　も特に、食べ物が無駄になることを考えると彼はぞっとする」

3- **Just after the summer holidays, nearing the second or third**
　　Saturday of term: 'Sun now,' he would say, 'frost later;

　① summer holidays:「〈英〉夏休み」〈米〉vacation

　② nearing ... of termは分詞構文で主文he would sayを修飾し
　　ています。(when he was) nearing ..., he would say, cf. 第3
　　章 pp.85-86 *1-*④

　　near: come closer to a particular time (LDCE)

　③ term: *BrE* one of the three periods that the school or
　　university is divided into: summer/autumn/spring term
　　「〈英〉学校や大学で、夏期／秋期／春期と3期に分けられて
　　いるものの1つ」(LDCE) 日本語では「学期」に相当します。
　　イギリスでは9月に新学年が始まります。

　④ he would say: このwouldはwillの過去形（物語は過去形で
　　語られる）です。2・3人称の主語の典型的なふるまいを話者
　　が経験や知識に基づいて客観的判断として述べています。「典

型的なふるまい」は「習慣、習性」につながります。「（いつ
もこの時期になると、）お父さんは 'Sun now, frost later; ...' と
言うのが習慣だった」

【参考（2）：直接話法の伝達者の位置】

〈だれが言ったか〉（伝達者）の部分は伝達文の1）前、2）後、
3）中間に示されますが、上の文は中間の例です。英語の直接
話法の場合、引用符の前か後ろに、または途中で切って、「だ
れが言ったか」を明記する決まり（ほとんど義務的に要求される）
があります。この点、英語は不便な言語です。日本語では性別、
上下関係などによってだれが言ったか分かる場合が多いので、
必要な場合を除いては言いません。もちろん英語でも明らかに
分かる場合は使いません。

---

⑤ 'Sun now, frost later ...'「今の時期は陽ざしがあるけれど、後
になると（この時期を過ぎると）霜が降りる」と続けてお父
さんが言ったセリフと考えます。この2つの名詞 sun, frost が
抽象的にとらえられているからです。日本語には冠詞がない
ので、英文で使われている「無冠詞の用法」に注意を払わな
い傾向があります。ないものには「おかしい！」と反応して、
注意を向ける習慣をつけましょう。cf. 第1章 p.19【参考（10）】

5- **and pounds and pounds and pounds and pounds of
blackberries out in the hedges going to waste.**

執拗に pounds が4回も繰り返されたこの表現の中にお父さんの
性格（無駄に対する強いこだわり）が見えてきます。同時にお
かしみも感じられます。

① pound [páund] は英国で使われている重量の単位。lb. で表し
ます。1ポンドは約454g。

② bláckbèrry: a small soft black fruit that grows on a bush with thorns in gardens/yards or in the countryside. The bush is also called a blackberry/bramble「庭／裏庭や田舎に生育するトゲのある低木になる小粒の柔らかな黒い実。低木もブラックベリー／ブランブルと呼ばれる」(OALD)

【 参考（3）:〈日・英語の比較〉樹木に関する英語 】

AF には以下のように大変優れた記述があります。

bush: 灌木、低木（tree よりも低く、枝の多いものを指す；根元から枝分かれしているものは shrub）

shrub: 低木、灌木（根元からたくさん枝分かれしているものを指し、庭などの生け垣に用いる）

tree: 木、樹木、高木、立ち木（「低木」は bush, shrub という）、木材としての「木」は wood、製材した「材木」は（〈主に米〉lumber、〈英〉timber といい、「丸太」は log という）

　関連として、root（根）／trunk（幹）／branch（枝）／bough（大枝）／twig（小枝）／leaf（葉）／bark（樹皮）が挙げられています。

　ここで注目したいのは日本語では「木」という漢字を使ったヴァリエーションが多く、英語のように語彙化されていないこと、日英文化の差異がここにも示されていることです。

　次に LDCE を調べてみます。

bush: a low thick plant smaller than a tree and with a lot of thin branches「tree より低く、ぎっしりと細い枝が茂った低木」

shrub: a small bush with several woody stems「数本の woody stem（茎）を持つ低木」

tree: a very tall plant that has a wooden trunk, branches, and leaves and lives for many years「1 本の wooden な幹と、

複数の枝と葉を持つ長命の高木」

　ここで着目したいのは1）高さの順：tree＞bush＞shrub；2）3語の上位語はplant；3）woodyとwoodenという2つの形容詞は日本語に直さず、そのまま残しておきましたが、その差はなにか？

a）まずwoodとは「木（tree）の材料で、木はwoodでできている」（LDCE）

b）ⓐ woodyの-yは名詞に付いて「〜の性質を持つ」という意の形容詞語尾（AF）でwoody stemの場合よく当てはまります。

　　ⓑ woodenの-enは名詞に付いて「〜でできた、〜製の」の意味の形容詞語尾（AF）

wooden trunkにはwoodの成分が十分にあって自然な感じがあります。

woodyのなかのwood性は、woodenのなかのwood性より小さいということが言えるでしょうか。

③ bláckbèrries (out in the hedges)

out in the hedgesはblackberriesの修飾なのでかっこ内に入れます。さらに、out in the hedgesの中には副詞outと副詞句in the hedgesの2つの場所の副詞（句）が含まれています。まず、outは漠然とした場所、（霜の害を被る）「戸外」を示し、続いてもっと詳しく、in the hedges「生け垣に」、の順に並んでいます。

④ hedge: a row of small bushes or trees growing close together, usually dividing one field or garden from another 「通例、畑や庭同士の境として、密に生えている1列の低木や高木」（LDCE）「生け垣」のこと。grow close togetherは木

と木の間にすきまのないことを述べています。

⑤ (are) going to waste. :「無駄になる」 冒頭の文体は簡潔にリズミカルに書かれているので、不要な語（かっこ内のare）は省かれています。go to waste:（成句）*Don't let all this food go to waste.*「この食べ物すべてを無駄にさせてはいけない」（LDCE） be + goingは現在進行形で未来を示しています。つまり、「（天気のよい今の時期に収穫しないで放っておけば）大量のブラックベリーが無駄になってしまう」。〈be going + to不定詞〉ではありません。wasteは名詞です。

6- **Good food wasted:**

= Good food (will be/is going to be) wasted: 前文のblackberryをgood foodと言い換え、主語にし（焦点を移し）、受動態に換えています。ここのgoodは「（食品が）新鮮な、悪くなっていない、食べられる」（AF）の意味です。

7 **bramble jelly**

① bramble: a wild blackberry（LDCE） brambleはwild（野生の）blackberry。5-②のblackberryの定義を参照。bramble jelly = blackberry jellyと考えてよいでしょう。

jelly: *BrE* a soft solid substance made with sweetened fruit juice and gelatine「〈英〉甘味を加えた果汁とゼラチンで作られる柔らかい固形物」（LDCE）「ゼリー」

② bramble jellyとお父さんが言いかけた後、2つのダッシュ（―）に挟まれた部分（挿入文）が入っています。お父さんのセリフは、2番目のダッシュの後、'jelly, and jam, and blackberry-and-apple pies ...' に続いていることを確認してください。

挿入文：their mother flinched, perhaps remembering stained bags hanging from hooks in the kitchen

7- **—their mother flinched, perhaps remembering stained bags**

hanging from hooks in the kitchen—

① flinch: to feel embarrassed or upset「当惑する、あるいは動揺する」(LDCE)

② perháps:「もしかして…かもしれない」可能性を示す法副詞（法助動詞mayと共に使われる場合が多くみられます）。AFにはperhapsの項に〔語法〕として〈不確実性を表す副詞〉をほぼ同じ意味で用いられる〈推量の助動詞〉と対応させた表があります。この対応表（太枠内白地部分）を基にして、筆者がこの表の拡張（グレー地部分）を試みました。

確実性のスケール

名詞	形容詞	副詞	確実性	法助動詞
sureness	sure	surely	90%以上	
certainty	certain	certainly	90%以上	will, must
probability	probable	probably	50～90%	should
likelihood	likely	likely	50～90%	
		perhaps, maybe, possibly	50%以下	may might can, could
possibility	possible			
unlikelihood	unlikely		}ほぼ0%	
improbability	improbable	improbably		
impossibility	impossible	impossibly	0%	cannot, could not
		never	0%	

コメント： ⓐ'maybe' and 'perhaps' mean the same thing but 'maybe' is more informal「maybeとperhapsは同じ意味だが、maybeのほうがインフォーマル」(LDCE)

ⓑprobablyはwillと共に使われる例が多くみら

108

れる（筆者）

③ remembering 以下は主文の動詞 flinched の原因を説明している分詞構文。「もしかしてキッチンの掛け具に並んでいるシミの付いた袋を思い出したのか、たじろいだ」 cf. 第3章 pp.85-86 *1*-④; p.103 *3*-②

④ stained bags:「シミの付いた袋（複数形）」 きっとブラックベリーを入れたあと、シミになって残っている袋を思い出したのでしょう。この実の汁の色は洗濯してもどうしても残ってしまいます。お母さんがお父さんの提案を歓迎していない様子を flinch 以下で表しています。

⑤ bags (that/which are) hanging:「つるしてある（複数の）袋」

9- **He smacked his lips.**

smack: to make a short loud noise with your lips because you are hungry 「お腹が空いているので、（食べるとき）両唇で短い大きな音を立てる」（LDCE）

10- **Dad seemed to think (that) he must mime enjoyment to make them understand.**

① that 節の中で must は過去形としてそのまま用いられる。

② mime: to act something using actions or movements without any words 「ことばを使わず動作、身ぶりで表す」（LDCE）「パントマイム（をする）」は英語では mime です。

③ enjóyment: 下記【参考 (4)】参照。ここでは、おいしいものを「食べる楽しみ、喜び」ですね。

【参考 (4)：類義語―delight 】

pleasure: 喜びを表す一般的な語。

delight: ことば・表情・身ぶりなどにはっきり現れる強い喜び。

joy: delight より深い喜び。

---

④ to make them understand:「彼らに理解させるために」〈使役動詞 make ＋目的語＋原形（to なし）不定詞〉them とは、お母さんと子どもたち。子どもはまだ明瞭な形では登場していませんが、この短編は Dad から始まっているので、子どもがいることは読者にはすでに了解されていますし、'their mother' とありますから、子どもが 2 人以上いることも了解されています。

2 子どもたち

　子どもたちが次々に、読者に紹介されます。まず主人公である長女ヴァル。子どもたちそれぞれの、父親との心理的な関係に注意して読みましょう。

　　Val said eagerly, 'I love blackberries.'

　　Her father beamed on her.

　　Chris said, 'I don't. I don't like the pips between my teeth.'

　　'Worse under your plate,' their mother murmured.　　　　　5

　　Like their mother, Dad had false teeth, but he did not acknowledge them. He said scornfully, 'In *bought* jam the pips are artificial. Tiny chips of wood. Put in afterwards.'

　　'Nice job, carving 'em to shape,' said Chris.

　　Peter was not old enough to think that funny, and Val　10 decided not to laugh; so nobody did.

　　Peter said, 'Do we have to go?'

【日本語文】

　ヴァルは熱意を込めて「わたし、ブラックベリー、だーい好き」と言った。

　お父さんは嬉しそうににっこりとヴァルに向かってほほえみかけた。

　クリスは「ぼくは好きじゃないな。種が歯の間に挟まるのがいやだ」と言う。

　「入れ歯の下に入るともっとやっかいよ」とお母さんがはっきりしない小さな声で言う。

　お母さんと同様お父さんも入れ歯だったけれど、入れ歯なんて無視して、軽蔑したような口調で言った。「売ってるジャムにはね、人工の種が入っているんだよ。木製チップさ。後から加えるんだ」

　「嬉しくない仕事だよね、木を種の形に刻むなんて」とクリスは言う。

　ピーターはこれがおかしいと思えるには幼すぎたし、ヴァルは笑うまいと心に決めた。だから笑ったものはひとりもいなかった。

　ピーターが「ぼくたち、行かなくちゃいけないの?」と言った。

【解　説】

1　**Val said eagerly,**
　この副詞によって彼女が父親の提案に熱心な気持ちで賛成していることが分かります。

2　**Her father beamed on her.**
　父親は彼女の賛意に「我が意を得たり」とばかり、にっこりとほほえみかけます。beam: to smile very happily（LDCE）smileが上位語。beamは下の表では扱われていません。

【参考 (5)：類義語─laugh】

laugh:　声を出して笑う。

smile:　声を出さずに笑う、ほほえむ。

---

giggle:	（子どもみたいに）くすくす笑う。
guffaw:	げらげら笑う。
snicker:	((英)) snigger：忍び笑いをする。
chuckle:	（満足して）くっくっと笑う。
sneer:	あざ笑う。
grim:	歯を見せてにっこり［にやり］と笑う。(AF)

3- **Chris said, 'I don't. I don't like the pips between my teeth.'**

① I don't (like blackberries). 長男クリスはヴァルのことば 'I love blackberries' とは反対の答えをします。つまり、父親の提案に否定的な意見を述べています。

② pip: a small seed from a fruit such as an apple or orange 「りんごやオレンジのような果物にある小粒の種」(LDCE)

5 **'Worse under your plate,' their mother murmured.**

お母さんはクリスの反応を支持しています。

① worse は bad の比較級。「もっと（始末が）悪い」

② your plate の your は、「総称の you」（ほかに we、they がある）と呼ばれるもので、漠然と一般の人を指して「人は、だれでも」の you の所有格です。自分のこととしてではなく一般化して言っています。通例日本語には訳しません。

plate: a thin piece of plastic shaped to fit inside a person's mouth, into which false teeth are fixed 「人の口のなかに合わせて型を取って作った薄いプラスチック製のもので、その中へ義歯が固定される」(LDCE) 歯科用語で「義歯床」。日本語では日常語として「義歯床」は使わず「入れ歯」と呼んでいます。英語では plate は皿、名札、車のナンバープレートなどを指すごく日常的な語。

③ murmured お母さんは自分が言った内容がクリスに同調し、

お父さんの提案に反対しているので、お父さんに遠慮して、声をひそめて言ったのです。under your plate と一般化したのも同じ気持ちの表れでしょう。

múrmur: to say something in a soft low voice which is difficult to hear clearly「はっきり聞こえないような静かな小さな声で言う」(LDCE)

6 **Dad had false teeth,**

false teeth は「義歯、入れ歯」。teeth は tooth の複数形。関連語、tooth brush（歯ブラシ）や tooth paste（練り歯磨き）なども、覚えておくと便利です。

false: not real but intended to seem real and deceive people「本物ではなく、本物のように見せかけて人をだます」*The man had given a false name and address.*「その男は偽名と偽の住所を言っていた／書いていた」(LDCE)

false teeth: a set of artificial teeth worn by someone who has lost their natural teeth「自分の歯を失った人が装着する人工的に作られたひと組の歯」(LDCE) とても私たちに役に立つ英語の定義です。ⓐartificial（人工の）に対するのは natural（生まれながらに持っている）。ⓑwear は使用範囲の広い語ですね。帽子から化粧、義歯まで使えます。ⓒ現在完了形が使われています。'someone who has（単数扱い）lost their（複数扱い）teeth' も大変興味深い英文です。

【参考 (6)：falseの意味】
falseの意味についてもう少し考えてみましょう。形容詞などの意味を詳しく吟味するには、その反対語を探してみるのも有効です。日本語で反対語を探すと「偽」に対して「本物；真」があります。どの形容詞が使われるかは修飾される名詞に依存

していますから形容詞と名詞を並べて覚えておくのが有効です。false/natural teeth; false/real name など、ほかに false alarm（誤報）も。生来（natural）のものが失われた場合、あるいはそれを補助する必要が生じた場合、人工的（artificial）なものを作ります。7-8行目でお父さんは、「買ったジャムには artificial な（人の手で作った）種が入っている」と言っています。ちなみに wig（かつら）を調べてみると、wig: artificial hair that you wear on your head（LDCE）とあります。ほかに今注目の AI（artificial intelligence 人工知能）、artificial satellite（人工衛星）など。

6- **but he did not acknowledge them.**

acknówledge: to admit or accept that something is true or that a situation exists「あることが本当であること、またはある状況が存在することを認め、受け入れる」（LDCE）

お父さんも入れ歯をしているのに、それを認めず、話題を少し逸らしてしまいました。

them は、false teeth を指します。

7- **He said scornfully, 'In *bought* jam the pips are artificial. Tiny chips of wood. Put in afterwards.'**

① He said scornfully,

次に述べることが scornful（ばかげている）だとお父さんが感じている、その気持ちを込めた（ばかにした口調で）「お父さんは言った」となりますね。said（動詞）と、それを修飾する副詞（scornfully）は1行目の Val said eagerly. と同じパターンです。

【 **参考（7）：語幹を探す** 】

scornfully *adv.*

scornful *adj.*: feeling or showing scorn

scorn *v.*: to refuse to accept ideas, suggestions etc because you think they are stupid, old-fashioned, or unreasonable 「ある考えや提案をばかげたもの、時代遅れのもの、理にかなっていないと考えて、受け入れるのを拒む」（LDCE）

scorn *n.*: the feeling that someone or something is stupid, old-fashioned, or not as good as other people or things, CONTEMPT（大文字の語は同意語を示す）「ある人、あるものがばかげている、時代遅れである、ほかの人やものほどよくないとする感情。contemptと同じ」（LDCE）

　LDCEで見出し語として、副詞scornfullyをみると意味の説明がなく、形容詞形のscornfulにはあるのですが、定義のなかにscornが使われていて、自分はscornの意味を知りたいのだ、とじれったい思いをすることがあります。そのときは、まず語幹となっている名詞や動詞のなかにその意味を求めてください。辞書に慣れると語幹（変化しない部分）（ここではscorn）と、語尾（変化する部分）（ここでは典型的な形容詞語尾-fulや副詞語尾-ly）などが自然に分かってきますし、これら一連の関連語（派生語）の辞書の中での扱われ方にも慣れてきて、まず語幹にあたって意味を求めるようになります。

② 'In *bought* jam the pips are artificial. Tiny chips of wood. Put in afterwards.' 「売っているジャムは種は人工なんだよ。ちっちゃい木片なんだ。あとから入れるんだよ」　日本語では「買ったジャム」または「売っているジャム」ですが、英語では「買われたジャム」になります。「人がジャムを買う」「人によって買われたジャム」、英語では、両者は厳しく区別します。boughtは過去分詞形（受動態）です。イタリック体ですから

強調のアクセントを付けて発音することを忘れないで。

③ artificial [ὰːrtəfíʃl]:「人工の」「模造の」cf. pp.113-114【参考(6)：falseの意味】*artificial flowers*「造花」 *artificial light*「人工照明」

④ chip:「(木、瀬戸物などの) かけら、破片」 *a chip of wood*「木の切れ端」(AF)　ポテトチップスとして日本人にもなじみの語です。

⑤ Put in áfterwards.

putが過去分詞であることに気づきましたか。(Tiny chips of wood are) put in afterwards.　かっこ内が省略されています。

put in: 句動詞〔2語以上で動詞の働きをする〕と呼ばれ、inはputを修飾する副詞です。「(中に) 入れる」

9　**'Nice job, carving 'em to shape,'**

「うれしくない仕事だね、種の形に合わせて刻む (仕事) なんて」

① (It's a) nice job, carving 'em to shape.

nice jobは強調するために冒頭に置かれ、かっこ内が省略されています。

② 冠詞のaを省略することは'very informal'な文体でしばしば起こります (SWAN 217.6)。*Nice man, your uncle.*「君の伯父さん、よい人だね」(SWAN 289.5)

③ nice:《ironic》not good; unpleasant「《皮肉》goodでない；pleasantでない」(ODE)

④ 'em=them (=pips)

⑤ carve them to shape:「種の形に合わせて刻む」

to shape:「形に合わせて」to: (前置詞)〈適合・一致〉「…どおりの、…に一致して」 *make a dress to measure*「ドレスをオーダーメイドで作る」(AF)　to measure:「寸法に合わせて」

　　LDCEにはto shapeの形で記載がないのでto sizeの定義か

116

らto shapeの定義を筆者が作ってみました。

to size: if you cut, make, or prepare something to size, you make it the right size for a particular use「あるものをto sizeに切ったり、作ったり、準備することは、それを特定の用途にぴったりの大きさにすることである」 *Cut the tile to size and fix it to the wall with adhesive.*「サイズに合わせてタイルを切り、壁に接着剤で固定しなさい」（LDCE） to size:「大きさに合わせて」

to shape: if you make something to shape, you make it the right shape for a particular use「（…,）それを特定の用途に合わせた形にすることである」 to shape:「形に合わせて」さらに類例を2つ挙げます。

to taste: a phrase meaning as much as is needed to make something taste the way you like, used in instructions for cooking「あるものを好みの味にさせるのに必要な量、という意味の句で、調理の指示として使われる」 *Add salt and pepper to taste.*「好みに合わせて塩、胡椒を加えなさい」（LDCE） to taste:「好みに合わせて」

to strength: ティーバッグの袋に淹れ方の指示として*Steep 4-6 minutes or to desired strength.*とあるのを見つけました。

to desired strength:「好みの濃さに」

以上to shapeの類例として、to size, taste, strengthを紹介しました。

　クリスはお父さんが「ブルーベリーの細かい種が人工だ」と言ったのを、あり得ないことと思って、「種の形に合わせて木を刻むような仕事をする人がいるとしたら、ありがたくない仕事だね」と皮肉を言ったのです。ここでも父親に対等に口を利く大人になったクリスの態度が見えています。

10- **Peter was not old enough to think that funny, and Val decided not to laugh; so nobody did.**

① not old enough to think that (to be) funny,

「それがおかしいと思えるほどの年齢に達していなかった」

thatは指示代名詞で「兄のクリスが言ったこと」。ピーターはまだ幼くてクリスの意図した皮肉が分からなかった、ということです。ここのoldは「年を取った」という意味ではないので、日本語にするには工夫が必要です。

thinkはSVOC構文として用いられ、「that（O）をfunny（C）だと思う」。O（目的語）とC（補語）の間にはS（主語）とC（補語）の関係があります。つまりthat was funnyと書き換えが可能です。= Peter was not old enough to think（that接続詞）that（指示代名詞）was funny,

② Val decided not to laugh;

to不定詞を否定するときはtoの前にnotを置きます。「（あれこれ考えた末）笑わないと決心した」 お父さんの言ったことに対するクリスの反応はみんなの笑いを誘うものだったけれど、「ここで笑ったらお父さんが怒りを爆発しかねない」と考えるのは、ヴァルが弟のピーターとは違って、'old enough to think that funny'だから。それに彼女はお父さんが好きだから、お父さんを怒らせたくないと気を遣っているので、とてもここで笑う気持ちにはなれなかったのですね。

③ so nobody did.　did（代動詞）= laughed

12 **Peter said, 'Do we have to go?'**

'we'とは、ピーター自身のほか、だれでしょう。まただれに言ったのでしょう。ピーターは幼いなりに情況判断をしています。お兄さんもお母さんも行きたくない様子。自分も行きたくないほうだけれど、'Do I have to go?'という勇気もなく、あえて'we'と

ほかの人（ヴァル？）を誘い込んだのでしょうか。

3　最年長のクリス

'Bicycles,' said Dad. 'Everyone on bicycles and off into the country, blackberry-picking. Five of us should gather a good harvest.'

'I'll make the picnic,' Val said. She liked that kind of thing. She looked anxiously round her family. Their mother 5 had turned her face away from them to gaze out of the window. Peter and Chris had fixed their eyes upon Dad:Peter would have to go, although much bicycling made his legs ache; but Chris, the eldest of them, as good as grown up — Chris said: 'I'm not coming.' 10

'Oh Chris!' Val cried.

Dad said: 'Not coming?'

'No.'

'And why not?'

'I've been asked to go somewhere else on Saturday. I'm 15 doing something else. I'm not coming.'

【日本語文】

「自転車だ。みんな自転車に乗って田舎へ出かけよう。ブラックベリー狩りに行くんだ。5人で摘めばかなりの量の収穫があるぞ」とお父さんは言った。

「わたし、お弁当を作るわ」ヴァルが言った。そういうことが好きな子だ。彼女は心配そうに家族の顔を見まわした。お母さんはみん

なから顔をそむけて窓の外をじっと見ていた。ピーターとクリスの目はお父さんに釘付けになっていた。

　ピーターは、行かなくっちゃなんないな、自転車を長く漕ぐと脚が痛いんだけど、と思った。でも、一番年上で、もう大人といってよいほどのクリスは言った。「ぼくは行かないよ」

　「まあ、クリスったら」とヴァルは叫んだ。

　「行かないって?」お父さんが言った。

　「うん」

　「そりゃ、またどうしてだ?」

　「土曜日にはほかのところへ行こうと誘われてるんだ。ぼくはほかのことをする。だから行かないよ」

【解 説】

1-　'Bicycles', ... 'Everyone on bicycles and off into the country,

　　① いつものように文を途中で切って、だれが言ったかを挿入していくパターン。まずお父さんの頭に浮かんだのは「自転車」、言い直して文にしています。

　　② Everyone以下は主語付きの命令文でしょうか。あるいはEveryoneは呼びかけ語でしょうか、考えてみましょう。第1章 pp.7-8 3-③④ "Come in good time, my dear Duchess," said Ribby's letter, も検討してください。

【 参考 (8)：主語付きの命令文と呼びかけ語＋命令文 】

　命令文はふつう、2人称（あなた）に対するものなので、主語youが省略されます。しかし、*You be quiet!*（静かにしなさい）のように主語youがある場合もありますし、また、*Somebody open the door.*（だれか、ドアを開けなさい）、*Everybody shut their eyes.*（皆さん目を閉じてください）など、3人称主語の場

合もあります。主語が付いた命令文の中には、主語は「呼びか
け語」と間違えられやすいことがあります。主語付き命令文の
主語と呼びかけ語との違いを以下の例で考えましょう。

　イントネーション記号：ˇ下降上昇　ˋ下降　ˊ上昇。'は文強
勢を示します。（Quirk pp.828-9に拠る）

呼びかけ語の主語は文中の位置を移動することができます。

Mǎry, play on mý side.（呼びかけ語）

Play on m̀y side, Máry.（呼びかけ語）

主語付き命令文の場合S＋Vの位置は決められています。

'Mary play on mỳ side.（主語付き命令文）

「メアリー、わたしと組んで競技しよう」

③ 原文には省略があると考えます。Everyone (get) on bicycles
and (go) off into the country, とすれば分かりやすくなります。
on は bicycles を目的語とする前置詞。off は副詞で「出発する」。
into は the country を目的語とする前置詞で「田舎（のなか）へ」。
to ではなく、into と言ったのは、ブラックベリーがたくさん採
れるところは田舎でも町寄りではなく深部であるというお父さ
んの意気込みのニュアンスが感じられます。

2- **Five of us should gather a good harvest.'**

① should（法助動詞）：話者の確実な見込み・推定を表します。「5
人で行けば…するはずだ」cf. p.108 確実性のスケール

② gather：「（作物）を収穫する」

③ a good harvest の good は「たっぷりの」という意味。*a good
crop of mangoes*「マンゴーの大収穫」 good のような形容詞
は次に来る名詞によって幅広い意味の可能性があります。辞
書で調べてみましょう。

4 **'I'll make the picnic.'**

「お弁当を作るわ」

picnic: *BrE* the food you take for a picnic 「〈英〉ピクニックへ
持って行く食べ物」（LDCE）

5　**She looked ánxiously round her family.**

「ヴァルは心配して家族の人たちを見まわした」

5-　**Their mother had turned her face away from them to gaze
out of the window.**

①「お母さんは（それ以前から）自分たちから顔を背けていた」
　she lookedという過去形が基点となって、過去完了形がそれ
　以前からの動作であることを示しています。過去完了形の出
　番です。顔を背けた結果、窓の外を見ている。読むときには
　分かっていても、自分ではなかなか容易に使えない英語の時
　制です。この機会にその用法を理解し納得しておいてください。

② to gaze out of the window.

　〈to不定詞〉は〈結果〉として解釈し、「窓の外を凝視していた」。
　何か考え事をするときの目ですね。（何を考えているか読者に
　は推測できるように書いてあります。大げさですが、サスペ
　ンスの伏線のようにスリルを感じます）

7　**Peter and Chris had fixed their eyes upon Dad:**

ここも過去完了形です。

fix:「視線を…に集中する」「…から目を離さない」

〈had fixed ＋ 名 ＋ on ＋ 名〉:「父さんを注視し続けていた」

upon ＝ on　uponはフォーマル、会話ではon。

7-　**Peter would have to go, although much bicycling made his
legs ache;**

① 物語では、地の文はすべて過去形が基準です。上の文は中間
　話法（直接話法でも間接話法でもない中間的な話法）ですが、
　直接話法で書いてみます。

Peter said to himself, "I will have to go, although much bicycling makes my legs ache."

この文を〈時制の一致〉の原則に従って間接話法にすると、
Peter thought that he would have to go, although much bicycling made his legs ache.

'Peter thought that'を除いてしまえば、地の文と同じになりますね。この形は、直接話法と間接話法の中間的な話法と考えて、**中間話法**または**描出話法**と呼ばれています（cf. 第3章 p.97 12-）。ここでは作者がピーターの気持ちを代弁しているようにも感じられます。この話法は物語や小説で多く使われます。

② Peter would have to go,

過去形ですが、分かりやすくするために①で書いた直接話法の文として解説します。〈will have to＋原形不定詞〉で「〜しなくてはならないだろう」の意味。（have to [hǽftə] の発音注意）　ピーターは前のセクション2の最後の行（p.110）で、'Do we have to go?'と言っています。お父さんの発言、ヴァルとお母さんの反応。お父さんの表情を見ているうちに"I will have to go."「ぼくは行かなくちゃならない」と判断したのですね。

③ although much bicycling made his legs ache;

ここも直接話法に直した文を解説します。although much bicycling makes my legs ache.〈make（使役動詞）＋目的語＋原形不定詞〉で、SVOC。「自転車に長く乗ること（動名詞・主語）は、ぼくの脚を痛くさせるけれど」　原文がmadeであり、would makeでないことから、直接話法に直せば、will makeではなく、makesの形であったことが分かります。「田舎まで長い時間自転車に乗ったら、きっと脚が痛くなるだろうな」「日常の習慣」として「ぼくはいつも長い時間自転車に乗ると脚が痛くなる」と現在形で述べているからです。「日常の習慣を

述べる」は、現在形の重要な用法です。

②③でお分かりのように中間話法は直接話法に換えて考えると、正しく理解することが容易になります。

legs:「脚（足首から上の部分）」 日本語の「あし」は股関節から足の指先までの部分を言います。漢字には「脚（legs）」と「足（feet）」があり、文字の上では両者を使い分けることができます。

9 **but Chris, (the eldest of them,) as good as grown up —**

① カマに挟まれた部分はかっこ内に入れます。「3人の中で最年長であり」と説明しています。

② as good as:「…も同然で（almost）」 *We are as good as successful.*「私たちは成功したのも同然だ」（AF）

③ grown（growの過去分詞）up:（形）「成人した」通例grown-upのように1語として辞書に載っています。grown-up:「成長した大人の（adult）」（AF）

10 **'I'm not coming.'**

① 現在進行形による未来時表現。cf. p.125 *15-*

② すでに第1章 p.15 *1-②*で解説しましたが、comeは日本語にすると「行く（「来る」ではなく）」になります。

14 **'And why not?'**

「それで、どうして（行かないんだ）？」

13行目 'No' 以下はだれが言ったかは明白で、緊迫した空気を伝えるため、「だれが言った」の部分は省略されています。

15 **'I've been asked to go somewhere else on Saturday.**

「土曜にはほかのところに行くように誘われているんだ」

現在完了の受動態。その結果、この時点でbe askedの状態が生じている。だれに誘われたかは言わない。お父さんに言う必要はないと思うことは言わない。大人の会話です。お父さんに

とっては冷たい感じがします。

15- **I'm doing something else. I'm not coming.'**

「ほかのことをするんだ。ぼくは行かない」

この現在進行形は未来時表現。以前からの計画（前文、ほかの
ところへ行くように誘われている）の結果として、（I'm doing
something else）土曜日はほかのこと、つまりここでは「家族
（ブラックベリー狩り）とは違ったこと」をする。

I'm not coming.（cf. 10行目）の発言は2回目、父親にはダブル
パンチです。

4 お母さんは？

No one had ever said that to Dad before. What would
happen? Dad began to growl in his throat like a dog preparing
to attack. Then the rumble died away. Dad said: 'Oh, have it
your own way then.'

So that was one who wouldn't go blackberrying this year.　5

Nor did their mother go. When Saturday came, she didn't
feel well, she said. She'd stay at home and have their tea ready
for them.

Two fewer didn't matter, because Dad begged the two
Turner children from next door. Mrs Turner was glad to be　10
rid of them for the day, and they had bicycles.

【日本語文】

それまでお父さんにそんなことを言った子どもはいなかった。何が
起こるだろう。お父さんは喉の奥で今にも相手に跳びかかろうとする

犬のようなうなり声をあげ始めた。そのあと、ゴロゴロいう音は収まった。お父さんは「それじゃ、勝手にしなさい」と言った。

そういうわけで、それが今年ブラックベリー狩りに行こうとしなかった1人だった。

お母さんも行かなかった。土曜になると「あまり気分がよくないの。留守番をして、みんなのために夕食を用意しておくわ」と言った。

2人くらい抜けたってどうということはなかった。お父さんは隣家のターナー家の2人の子どもたちを、是非いらっしゃいと誘ったからだ。ターナーさんの奥さんはその日、子どもたちから解放されるのを喜んだし、2人とも自転車を持っていた。

【解 説】

1　**No one had ever said that to Dad before.**

「いままでそんなことをお父さんに言った子どもはだれもいなかった」

① 現在完了が過去完了に移った文。クリスがそのことばを言ったとき（過去）までにだれもそれ（そのことば）をお父さんに言った者はいなかった。現在完了形は現在が基準であり、過去完了形は過去が基準となります。

② ever: at any time「（否定文で）どんなときも」（LDCE）

③ to Dadがあるので、no oneは「子どもたちのうちだれも…ない」

1-　**What would happen?**

「何が起こるのだろう」

① 疑問代名詞whatが主語になっている場合、主語（what）が動詞の前に出て、疑問文に必要なdoは使いません。What happened? *What did happen?ほかに、who, which, whoseも同じ構文で使われます。SWANから例文を挙げます。*Who*

left the door open?「だれがドアを開けっぱなしにしたの?」
Which costs more—the blue one or the grey one?「どちらが
(値段が) 高いの、青いほう?　それともグレイのほう?」(SWAN
461.6)

② would は What will happen? の will（未来の出来事の予測）
が中間話法により過去形に移ったものです。「何が起こるので
しょう」　ヴァルの心配を作者が代わって述べていると考えて
もいいですね。

2- **Dad began to growl in his throat like a dog preparing to attack.**

「お父さんは今にも攻撃しようとしている犬のようにうなり声を
あげ始めた」

① growl [grául]: if an animal growls it makes a long deep
angry sound「動物が growl すると長く低い怒りの音を発する」
The dog growled at any stranger who came close.「その犬は
知らない人（初めて接する人）が近づいてくるとだれにでも
うなり声をあげた」(LDCE)　この文でも growl は犬の声を示
していますね。そして、この単語を次に見たとき、日本語を
介さずに犬のうなり声が聞こえてくれば正しい意味を理解し
た点で最高です。

② a dog prepáring to attack:「攻撃する準備を整えた犬」「いま
にも跳びかかろうとしている犬」〈prepare + to 不定詞〉「…す
る準備をする」　*Her parents were busy preparing to go on
holiday.*「彼女の両親は休暇旅行へ行く準備で忙しい」(LDCE)

3 **Then the rumble died away.**

① rumble: (n) a series of long low sounds「一連の長く低い音」
the rumble of distant gunfire「一連の遠くの砲撃の音」(LDCE)
前の growl を言い換えた語。英語は同じ語を繰り返すのを嫌

うこと、思い出しましたか。

② die away: If sound, wind, or light dies away, it becomes gradually weaker and finally stops「音、風、光がdie awayすると、それは徐々に弱くなり、ついには止まってしまう」（LDCE）

3- **'Oh, have it your own way then.'**

主語がないので命令文です。*Have it your own way.*「（この上議論はしない）勝手にしなさい」（英和活用大辞典）　*All right then, have it your way. I'm tired of arguing.*「分かった。好きにしなさい。これ以上議論するのはもう飽き飽きだ」（ODCIE Vol. 2）

have it:「（あるやり方で）…する」（AF）

5　**So that was one who wouldn't go blackberrying this year.**

「それが今年どうしてもブラックベリー狩りに行こうとしなかった1人だった」（もう1人いるのではないか、と読者に思わせます）

① one: one member of the family

② who以下のwouldn'tのおかげでクリスのI'm not coming.（＝I won't go blackberrying.）と、2度繰り返した強い拒否のエコーが聞こえます。wouldn'tはwon't＝will notが中間話法によって過去形になったもので、このwillは〈固執、強固な意志を表す〉用法です。「どうしても行こうとしなかった」

③ go blackberryingは、go shopping, go skiingなどと同じ形です。

6　**Nor did their mother go.**

「お母さんもまた行かなかった」

nor:「…もまた～ない」は接続詞で、前の文のwouldn't goのnotと呼応しています。否定語Norが文頭に置かれ、倒置文となり、助動詞doがdid goの形で過去時制を示しています。もし文頭にNorが使われなければTheir mother didn't go, either.となります。eitherは副詞。否定文のeitherは肯定文のtooに相当

します。*You went, and I went too.*

6- **When Saturday came, she didn't feel well, she said. She'd stay at home and have their tea ready for them.**

① 間接話法で書くと、she said (that) she didn't feel well, and that she'd stay ...

直接話法で書くと、"I don't feel well," she said, "I'll stay at home and have your tea ready for you." 「気分がよくないの。家にいてみんなの夕食を準備しておきますよ」 直接話法に書き換えてみると、意味がよりはっきり理解できることを実感してください。

原文は中間話法で書かれています。

② 〈have（使役動詞）＋名詞＋形容詞〉：「…を（ある状態に）させる」（AF）

SVOCの構文です。「their tea（O）を ready（C）の状態にさせる」

③ tea（夕食）のことは第1章 pp.16-17【参考（9）：meal について】と第2章 pp.45-46【参考（4）：tea】で詳しく説明しました。参照してください。

9 **Two fewer didn't matter,**

「2人減ったってかまわなかった」

matter:「重要である」通例 it を主語に主に疑問文・否定文・条件文で用いる。*"We've missed the train!" "It doesn't matter, there's another one in 10 minutes."* 「列車に乗り遅れてしまった！」「かまわないよ。10分で次が来るから」（LDCE）

9- **because Dad begged the two Turner children from next door.**

「なぜならお父さんは隣家のターナー家から2人の子どもたちに来てくださいと頼んだから」

① beg:「へりくだった態度で頼む」

② the two Turner childrenの定冠詞は重要です。ターナー家には子どもが2人しかいないことを示しているからです。定冠詞がなくても文法的には正しい文ですが、意味が変わります。その場合はターナー家には2人以上子どもがいることを示します。

10- **Mrs Turner was glad to be rid of them for the day,**

「ターナーさんの奥さんはその日子どもたちから解放されるのがうれしかった」

① be rid of:「（いやなものから）解放されている」

　 get rid of:「（厄介なものを）取り除く、…から解放される」

　 be（状態）／get（動作）とのセットで覚えておくと便利です。

　 He was tired.「彼は疲れていた」／*He got tired.*「彼は疲れた」

　 He was ill.「彼は病気だった」／*He got ill.*「彼は病気になった」

　 cf. 第6章 pp.200-201 2-

② for the day:「その日（一日）は」

5　新メンバーで出発準備完了

'Bicycles,' said Dad, 'checked in good order, tyres pumped, brakes working, and so on. Then, the picnic.' Val smiled and nodded. 'Something to gather the blackberries in,' went on Dad. 'Not paper bags or rubbishy receptacles of that sort. Baskets, plastic carrier bags, anything like that. 5 Something that will go into a bicycle basket, or can be tied on somewhere. Something that will bear a weight of blackberries. Right?'

Val said, 'Yes,' so that Dad could go on: 'All assemble in the road at nine thirty. I'll have the map.' *10*

There they were on this fine Saturday morning in September at half past nine: Val and Peter and their dad and the two Turner children from next door, all on bicycles.

【日本語文】

「自転車はね、各自点検して整備しておきなさい。タイヤには空気を入れて、ブレーキもよく利くように、などね。それから、お弁当」ヴァルは微笑んでうなずいた。「採れたブラックベリーを入れるもの」とお父さんは続けた。「紙袋やその種のちゃちな容れ物はだめだ。籠とかプラスチックの買い物袋、そんなものなら何でもいい。自転車の籠に入るものか、どこかに結びつけられるもの。ブラックベリーの重さに耐えられるものだ。いいね?」

ヴァルが「はい」と返事した。お父さんが話し続けられるように。「みんな、9時半に道路集合だ。私は地図を持って行こう」

この晴れた9月の土曜日朝9時半、みんな集合の場所に集まった。ヴァルとピーターとこの2人のお父さん、隣のターナー家の2人の子どもたち、みんな勢ぞろいして自転車に乗っていた。

【解 説】

1- 'Bicycles,' said Dad, 'checked in good order, tyres pumped, brakes working, ...

　① said Dadを外して、お父さんのことばを続けて考えましょう。

　＝(Have your) bicycles checked in good order, tyres pumped, brakes working, ...

　会話体では、省略しても分かる部分は省略して簡潔な文にします。

② (have your) bicycles checked

（your）bicycles checked（過去分詞）／tyres pumped（過去分詞）／brakes working（現在分詞）はすべて〈have（使役動詞）＋名詞＋分詞〉の形でSVOCの文型です。命令形です。「OがCの状態になるようにしなさい」という意味になります。OとCの関係を見てください。過去分詞は受動態（自転車が点検された状態／タイヤが空気を入れられた状態）、現在分詞は能動態（ブレーキが作動する状態）になっていますね。

③ tyre〈英〉= tire〈米〉

3- **'Something to gather the blackberries in,'**

= (Take) something to gather the blackberries in,

gather the blackberries in (something/a bag)と考えると、inという前置詞が必要なことが分かります。「ブラックベリーを（中に）集める（容れる）物（を持って行きなさい）」

4- **'Not paper bags or rubbishy receptacles of that sort.**

「紙袋とかその種のちゃちな容れ物はだめ」

① rubbishy: rubbish「ごみ、くず」の形容詞。[*BrE informal*] silly or of a very low quality「〈英　インフォーマル〉役に立たない、品質の低い」（LDCE）

② recéptacles: *formal* a container for putting things in「〈フォーマル〉物を入れる器／容器」（LDCE）　お父さんはここでフォーマルなことばを使いましたね。お父さんの性格がちらりと見えます。

5 **plastic carrier bags,**

「プラスチックのレジ袋」

carrier bag: [*BrE*] a bag that you are given in a shop to carry things you have bought「〈英〉買った品物を運ぶために店が客にくれる袋」（LDCE）「レジ袋」

6- **Something that will go into a bicycle basket, or can be tied on somewhere.**

「自転車の籠に入るようなものか、どこかに結びつけられるもの」
willとcanは法助動詞。関係代名詞that（主格）の述語動詞は
will goとcan be tied。

something（容器のこと、無生物）が主語。無生物の主語では
willは、（潜在的能力・性質）「…できる」、canとほぼ同じ意味
で使われています。次の文のSomething that will bear ...のwill
も同じです。*The back seat will hold three.* 「後部席には3人が
すわれる（広さがある）」（リーダーズ）be tied on〜のほうは受
動態です。人が自転車のどこかに結びつけるのですから。

8 **Right?'**

「いいね？」　お父さんは自分の言ったこと（提案・命令）を、聴
いている人たちが理解しているか確かめています。

9 **Val said, 'Yes,' so that Dad could go on:**

反応のよいヴァルはお父さんが満足してあとを続けられるよう
に即座に 'Yes' と答えています。so that ... can 〜：「（目的を示し
て）…が〜できるように」　canのほかにwill, mayも使われま
す。わりに頻度の高い表現ですから、覚えておくと便利です。
*You should mail that letter in the morning so that it will get
there the next day.* 「翌日着くにはその手紙を午前中に出すとよ
い」（AF）

9- **All assémble in the road ...**

① All: All (of you)「あなたたちみんな」（主語付き命令文の主語）
cf. pp.120-121【参考（8）】

② in the road:「（空間としてとらえられている）道路に」
cf. on the road:「（線としてとらえられている）道路に」　*My
car broke down on the road to San Diego.* 「サンディエゴへ

向かう路上で車が故障した」（英和活用大辞典）

11- **There they were on this fine Saturday morning in September at half past nine:**

「9月のこの晴れた土曜日の朝、9時半にみんながそこに集まっていた」

① There they were ...　There they were から文を始めて、劇的効果を得ています。There は言うまでもなく、お父さんが指定した in the road です。were は場所を表す副詞（there）と共に用いられた存在の自動詞。7文型の SVA（第3章 pp.78-80【参考 (1)】pp.80-81【参考 (2)：7文型】）が ASV の語順になっています。

② on this fine Saturday morning ...　ふつう morning には in the morning（午前中）のように前置詞は in が付きますが、形容詞などの修飾語で修飾された特定の morning には on が付きます。afternoon の場合も同じです。in the afternoon / on Sunday afternoon　これは前置詞 in と on の基本的な意味の違い、つまり in には「空間」「間」、on には「点」という対照的なとらえ方があることを意識すると、ほかにも応用ができて便利です。9-②で解説した in/on the road も in time（時間に間に合って）／on time（定刻に）にも同じ論理が働いています。

12- **Val and Peter and their dad and the two Turner children from next door, all on bicycles.**

① Val, Peter and their dad ではなく and を繰り返しているのに何か意味があるでしょうか。

Dad はこれまで終始大文字から始まる Dad でしたが、ここでは 'their dad' と小文字で書かれています。お母さんのほうは終始 'their mother' でした。大文字で書かれた Dad は固有名

詞化されて使われているからと、ふつうは説明されます。この文ではお父さんは家庭から離れて「2人の子どもたちの父」と客観的な視点から描かれています。家族のメンバーひとりひとりにandが入っているのも、個々の存在が明確に、風景描写のように、客観的視点に立って描写されているからと思われます。また快いリズムが整った文ですね。

② all on bicycles. = all (were) on bicycles.

be on a bicycle / get on a bicycleでは、「自転車に乗っている」／「自転車に乗る」の状態／動作の対立があります。対比のためにwereをかっこ内に入れましたが、文法的にはwereは不要です。すでにThere they were ...とありますから。

③ 11行目のThere they wereから始まるこのパラグラフは、コロンでつながる1文から成っています。コロンの前の部分は、かれらの出発時間を述べ、後の部分は「かれら」を構成する個々のメンバーを明示し、全員が自転車に乗っている状態で、いまにも漕ぎ出しそうな情景です。

無駄のないきびきびとしたこの1文は、ブラックベリーを摘みに行く人たちの高揚した気分がうかがえる、ピアス独特の技が光っていると思います。

【 第4章の終わりに 】

物語の名手による作品です。登場人物の息遣いまで聞こえてきませんでしたか。これを機会にピアスのほかの作品にも触れてみてください。

第5章

夏目漱石の師、クレイグ先生の葬式を
友人の随筆家が描く

E. V. Lucas
'A Funeral' in *Character and Comedy*

E. V. ルーカス
「葬式」より

【著者と引用作品について】

　この章で引用するのはイギリスのジャーナリスト、随筆家として知られる E. V. ルーカス（Edward Verrall Lucas, 1868-1938）の短編 'A Funeral' の一部です。ルーカスは、ここで25歳年上の友人として交際していたアイルランド人のシェイクスピア学者、ウィリアム・クレイグ（William J. Craig, 1843-1906）の面目躍如たる姿を描いています。

　夏目漱石の『永日小品』の中に、「クレイグ先生」と題する短編が含まれています。漱石がロンドン留学中、個人的に教えを受けたのがこのウィリアム・クレイグでした。原文を漱石の作品と比較して読んでみると、一層興味が増すことと思います。なお、比較文学者の平川祐弘氏によるすぐれた翻訳及び解説が『夏目漱石—非西洋の苦闘』（講談社学術文庫）の中にあります。

　私がこのエッセイを選んだのは、クレイグという学者がいたということを、読者の皆さんにお伝えしたかったからです。彼はシェイクスピアの詩句を集めて辞書を創ろうという膨大な計画に人生の多くの時間を割いたのですが、完成に至らずその生涯を閉じました。漱石は「あの字引はついに完成されずに、反故になってしまったのかと考えた」と書いて「クレイグ先生」を閉じています。

　これまでの章と比べてこの章の英文にはかなり複雑な長文が含まれています。内容を知るために日本語文だけを読み、英文と解説は後に回すのも一案です。難しい英文を正確に理解するには、文の構造を分析し、文と文との関係に注目した上で、自分で訳文を書いてみることが有効だと思います。

　この章に限ったことではありませんが、特に注目したいことをここで4点挙げてみます。

1) 日本語・英語にはほとんど1対1の対応がないこと。英和辞書を使うとき、与えられている日本語から、意味を選ぶことになりますが、そのときまでに原文を何度も読み、「こういう意味があって

ほしい」と、候補が頭に浮かぶようになっているといいと思います。しかし、英和辞書にある日本語はあくまでヒントにすぎません。できれば英英学習辞書を参照して、自分の理解が正しいかどうか確認してください。最終的にどんな日本語にするかはあくまで自分で考え、独自の訳文を作るのが望ましいのです。

2) また、自分の作った日本語の文が、意味の通じるものになっているか（日本語として成立しているか）、吟味が必要です。まず英文の書き手の意味することを、想像力を駆使しながら、深いところまで掘り下げて考えなければなりません。これはつらい作業ですが、この過程を経て初めて、英語を正確に理解できる力が育っていくのだと思います。以上のことは私自身にいつも言いきかせていることです。

3) 1対1の対応がないということは、単語という単位、品詞の種類などを超えて、語から句へはもちろんのこと、句から節・文へさえも飛び越えることが可能です。たとえば、成句、慣用句などは語から句へ延びた例になりますし、直接話法を間接話法へ、間接話法を直接話法または中間話法へ換えることも自由です。必要な場合は原文にはない部分を日本語で補うことも有効です。この章では、平川氏の翻訳も参考にさせていただきます。

以上述べたことは理論です。残念ながら実際には第4章までと変わらず、英英辞典、そのほかの英語による原著の和訳は、読者が理解しやすいよう、なるべく直訳に近い日本語文で書いたことをお断りしておきます。

4) 英語の文化的背景を考慮に入れること。英文を読んでいて、著者の手になる地の文と、それ以外の文との間に違和感が感じられるといいと思います。その部分はさりげない引用や英語世界ではよく知られた（私たちには知られていないことが問題なのですが）比喩など、著者の社会の文化的背景がからんでいるのに気づきま

す。この章で引用した部分はキリスト教の葬式が描かれているので、キリスト教の背景を意識する必要が生じます。

　冒頭より4つのセクション（**1〜4**）に分け、日本語で小見出しをつけました。

1　サリー州の墓地で

　記録によるとクレイグの葬儀は1906年12月15日に行われました。

　　It was in a Surrey churchyard on a grey, damp afternoon—
all very solitary and quiet, with no alien spectators and only
a very few mourners; and no desolating sense of loss, although
a very true and kindly friend was passing from us. A football
match was in progress in a field adjoining the churchyard,　*5*
and I wondered, as I stood by the grave, if, were I the
schoolmaster, I would stop the game just for the few minutes
during which a body was committed to the earth; and I
decided that I would not. In the midst of death we are in life,
just as in the midst of life we are in death; it is all as it should　*10*
be in this bizarre, jostling world. And he whom we had come
to bury would have been the first to wish the boys to go on
with their sport.

【日本語文】

　灰色の雲に覆われた小雨の降る午後、サリー州の墓地でのことであった。あたりには全く人気がなく、ひっそりと静まりかえって、物見見物に寄って来る人の姿とてなく、友人の死を悼んで集まったわずか数人がいるばかりである。ゆるぎない友情と、いつもやさしい心遣いを見せてくれた友人が私たちから去ろうとしているのにもかかわらず、私たちには取り残された深い悲しみにくれるといった喪失感はなかった。墓地の隣のサッカーグラウンドでは試合が行われていた。墓のそばに立って、私はもし自分が教師なら、遺体が土に委ねられるわずか数分の間だけでも試合を中止するだろうか、と考えたが、そうしないだろうと結論を下した。ちょうど祈禱書に「我ら生の半途〔なかば〕にも死に臨む」とあるように、私たちは死の半途〔なかば〕に生きているのだ。わけの分からぬ、人を押しのけるようなこのご時世では、すべてのことはそのようにあるべきだと思われた。それに、私たちが今日集まって埋葬しようとしているその人は、少年たちにサッカーを続けてほしいと、ほかのだれよりも願ったことだろうと思う。

【解　説】

1　**It was in a Surrey churchyard on a grey, damp afternoon—**

　① a Surrey chúrchyàrd:「サリー州の墓地」 Surrey（サリー州、固有名詞）はchurchyard（墓地）を修飾。サリー州はロンドン南部に隣接する州。

　② on a grey, damp afternoon—「特定の日の午後」には前置詞はinではなくonになることを思い出してください。（cf. 第4章 p.134 *11*-②）

　　greyは、〈英〉のスペリング。〈米〉ではgray。afternoonはgreyとdampの2つの形容詞で修飾されています。

　③ damp: slightly wet, often in an unpleasant way「不快を感じ

るようにじめじめした」*damp clothes/weather/ a damp bed/ wall/room: In the rainy season everything gets damp I'm afraid.*「雨季にはなんでも湿ってしまいますね、困ったことに」（LDCE）

【参考（1）：類義語—damp】

LDCEではdampの項目に類義語としてmoistとhumidを並べています。*Damp is often used about something you would prefer to be dry.*「乾いていてほしいと思うものに使われることが多い」「dryであってほしいのに」という記述、つまりdampという語には否定的なニュアンスがあることをここで学びます。日本の梅雨のじめじめした気候はまさにdampでこそ表現できるでしょう。

Moist *is used especially when something is not too wet and not too dry.*「wet過ぎもせず、dry過ぎもしない」 *a moist ginger cake*「しっとりしたジンジャーケーキ」／*Keep houseplant moist—don't let it dry out.*「観葉植物を湿らせておいてね、乾き切ってしまわないように」 moistでは湿気がプラスの価値を持っていることに気づきます。

Humid *is a more technical word used mainly to describe the climate or weather, or air that feels wet.*「より専門的な用語で、湿度の高い気候や天気、空気を述べるときに使う」 *It gets very humid here in the summer (= the air is hot and damp).*「ここは夏季には湿度が大変高くなる（＝高温多湿である）」 humidは、価値に関してはneutralな科学用語であると分かります。

p.141 *1* ③のdampと上のmoistとhumidの定義のどれにもwetが使われています。日本の英語教育では雨はrainであり雨天はrainyと習いますが、英国での私の経験では、雨天はきまっ

てwetという語で表されると感じました。

　また、rainy day / afternoon / weather etcをa day etc when it rains a lotと定義していますから雨量が多いときにrainyが使われるようです。（the rainy season: 雨季、梅雨／a rainy region: 多雨地域）（AF）

2- **all very solitary and quiet, with no alien spectators and only a very few móurners; and no desolating sense of loss,**

　① —all very solitary ... : ダッシュのあとの追加表現　cf. 第1章 pp.31-32【参考（15）】前文に引き続き墓地周辺の状況を述べています。allは強調の副詞でvery solitary and quietを修飾。

　② sólitary: *adj.* in a lonely place（形）「寂しい場所にある」（LDELC）cf. pp.157-158【参考（4）：類義語—solitary】

　③ alien[éiljən]: very different from what you are used to; strange「見なれているものとは異なった、未知の」（LDCE）日本語になっているエイリアンと同じ語です。ここでは「なじみのない；未知の（人）」。alien spectatorで「物見高い人」、俗語で言えば「やじ馬」でしょう。

　④ desolating（形）[désəlèitiŋ] ＜ désolate（動詞）[désəlèit]: to make someone feel very sad and lonely「人を深く悲しませ、孤独を感じさせる」　*Martin was desolated by his wife's death.*「マーチンは妻の死に沈みこんだ」（LDCE）　例文にも「死」があるように「他者の死によって取り残された」という、隠れた意味を汲みとりたい表現です。

　⑤ sense of loss:「喪失感」　ほかに、*a sense of beauty*「美的感覚」／*a sense of humo(u)r*「ユーモアのセンス」／*a sense of economy*「経済観念」／*a sense of occasion*「場をわきまえる分別」／*a sense of direction*「方向感覚」などを覚えておきま

しょう。

4 **a very true and kindly friend was passing from us.**

「真の（裏切ることのない）友人、心温かい友人が私たちから消え去ろうとしていた」 kindlyは形容詞。同形の副詞もあります。

kindly: kind and caring for other people 「他人に対して親切で、心遣いする」（LDCE）

was passing from us. : 過去進行形「消え去ろうとしていた」

pass:「世を去る、死ぬ（die）」 *He passed hence (from among us).* 「彼はこの世を去った、我々の中から消え去った」（Kenkyusya）

【 参考 (2)：類義語—kindly / kind 】

The adjective **kindly** describes a person's general character. **Kind** may also do this, but often describes someone's behaviour at one particular moment: *It was kind of you to help me. She's often kind to me.* (NOT kindly)「形容詞kindlyは人の平常の性格を述べる。kindにも同じ意味があるが、しばしば特定の一時的なふるまいを述べる」「助けてくださってありがとうございます」「あの方は私によく親切にしてくださいます（kindlyは使えない）」（LDCE）

4- **A football match was in progress in a field adjoining the churchyard,**

① was in prógress: be in progressで「進行中」

② field:「グラウンド」

③ adjóining ... :「…に隣接している」

6- **I wondered, ..., if(, were I the schoolmaster,) I would stop the game ...**

① I wonder ifは定型表現で「…かどうか思案する」。カマで挟

まれた部分をかっこに入れて、I wondered if I would stop the game ...と続けて意味を考えます。

② were I the schoólmàster = if I were the schoolmaster 〈仮定法過去〉の従属節（動詞は過去形）でifが省かれます。その場合were I ...と、倒置文で始めます。wondered ifのifと混同しないように注意。

③ I would stop the game これは、〈仮定法過去〉の従属節に続く主節の定型文（助動詞の過去形＋原形不定詞）。
筆者（ルーカス）はこの学校の教師ではない。「もし、私がこの学校の教師だったら（事実に反する仮定）、進行している試合を止めるかどうか考える」'If I were the schoolmaster, would I stop the game ...?'という直接話法の文があると考えると理解しやすくなります。仮定法には〈時制の一致〉が適用されないことも確認してください。

7- **just for the few minutes during which a body was committed to the earth;**

① whichの先行詞はthe few minutesなので、during the few minutes a body was commítted to the earthとつながります。「1つの遺体が土に委ねられる数分の間」

② just for the few minutesは「数分の間だけ」
このforとduringはともに〈期間〉を示す前置詞です。SWAN（171）は両者の違いを以下のように説明し、例文を挙げています。

【参考（3）：類義語―during / for】

During is used to say when something happens; for is used to say how long it lasts. 「duringはいつある事柄が起きるかを述べるために使われ、forはそれがどのくらいの時間続くかを述

べるために使われる」（1）*My father was in hospital during the summer.*「父は夏の間入院していた」（2）*My father was in hospital for six weeks. (NOT ... during six weeks)*「父は6週間入院していた」（3）*It rained during the night for two or three hours.*「夜間に2〜3時間雨が降った」

　（1）は'When was your father in hospital?'「いつ入院したか」に対する答え、（2）は'How long was your father in hospital?'「どのくらいの間入院が続いたか」に対する答えです。（3）では、原文と同様1文中に2つの前置詞を使った例文を加えています。（SWAN 171）

8-　**and I decided that I would not (stop the game).**

　① decide: make a choice or judgment about something, especially after a period of not knowing what to do or in a way that ends disagreement「何かについて選択、あるいは判断をする、特にどうすべきか分からない時期を経たあと、またはあれこれ迷うのをやめて」（LDCE）　AFには「熟慮の末に思い切って決心する」という説明があります。

　「（試合を止めるか止めないか考えた末）止めないことを選んだ」かっこ内がdecidedに含まれています。その選択の根拠は何か、が次に述べられることを予期してください。cf. 第4章 p.118 *10-②*

　② I would not: wouldは7行目のwouldと同様、話し手（主語）の意志を表す法助動詞。

9-　**In the midst of death we are in life, just as in the midst of life we are in death;**

　この英文を読んだとき、英文を注意深く読む人は、現在形で書かれていることに注目し、これが地の文とは異質の文であること

に気づくでしょう。調べてみると、In the midst of death we are in life,は著者ルーカスのことば、just as以下の 'in the midst of life we are in death' が、英国国教会の祈禱書からの引用であることが分かりました。『日本聖公会祈禱書』（明治28年出版）には、埋葬式で「墓ニ到リ柩ヲ下ス間會師墓ノ側ニ立チ左ノ篇ヲ誦シ又ハ會衆ト倶ニ歌フベシ」の指示があり、そのあとの一節（前の文中の「左ノ篇」とは以下の文を指しています）に「我ら生の半途にも死に臨む」とあります。

in the midst of = in the middle of ... :「…の真ん中で」

10-　it is all as it should be ...

it(S) is(V) all(C) as it should be ...

① itは前述のこと。as it should beのitも直前のitと同じものを指します。

② asは関係代名詞、先行詞all（代名詞）はit should beの補語。cf. pp.160-161 *10-*②

③ shouldは法助動詞（仮定法）（望ましさを表す）「…するべきである、…する必要がある」。通例must、have to、ought toより意味が弱く、「…するのはよいことだ」にほぼ等しい。(AF)

④ 大変訳しにくい文です。平川氏は「万事がまあこのようにあらねばならぬところのものなのである」と訳しています。

11-　he whom we had come to bury would have been the first to wish the boys to go on with their sport.

① he whom we had come to bury = we had come to bury him:「私たち（会葬者たち）が（彼を）埋葬しようと集まった人（すなわちクレイグ）」bury [béri] の発音は重要。過去完了形にも注意。

② he ... would have been the first (person) to wish the boys to go on with their sport.「彼（クレイグ）こそ、少年たちにサッ

カーを続けてほしいと願う第一番目の人だっただろう」

would have been（助動詞の過去形＋完了不定詞）は〈仮定法過去完了〉の主節に用いられる定型です。ここではif節は主節から推量できるので省略され、主節だけが書かれています。同様の例は数多くみられます。

ここで〈仮定法過去〉と〈仮定法過去完了〉の形を習得したい方には第1章 pp.21-22 4, p.28 5-; 第3章 p.81 3; 第5章 p.145 6-③, p.152 7-の仮定法の文を復習・比較し、整理しておくことをお勧めします。次の章の仮定法の文（p.206 1 ③, p.207 1 ②）はどんな形で現れるでしょうか。そのときの自分の反応が楽しみになります。

ⓐ the first (person)は形容詞の最上級。最上級の形容詞に修飾される名詞はしばしば省かれます。「順序において一番目の人」（ここでは彼と私たち会葬者の中で）

I am the tallest in my family. We bought the cheapest.
「私は家族の中で一番背が高い」「一番安いものを買った」
（SWAN 18.5）

ⓑ 不定詞to wishの意味上の主語はthe first = he (Craig)であり、不定詞to go onの意味上の主語はthe boysです。

ⓒ go on with: continue (with something)「何かを続ける」
（LDPV）

2 子どもの心を持った老学者

He was an old scholar—not so very old, either—whom I had known for some five years, and had many a long walk with: a short and sturdy Irish gentleman, with a large, genial grey head stored with odd lore and the best literature; and the heart of a child. I never knew a man of so transparent a character. He showed you all his thoughts: as someone once said, his brain was like a beehive under glass—you could watch all its workings. And the honey in it! To walk with him at any season of the year was to be reminded or newly told of the best that the English poets have said on all the phenomena of wood and hedgerow, meadow and sky. He had the more lyrical passages of Shakespeare at his tongue's end, and all Wordsworth and Keats. These were his favourites; but he had read everything that has the true rapturous note, and had forgotten none of its spirit.

【日本語文】

　彼は老学者であった——それほどの老齢というわけでもなかったが——私とは5年ほどの付き合いで、よく長い散歩のお伴をさせていただいた。短身で頑強なアイルランド紳士で、大きな、感じのよい白髪頭の持ち主だが、その頭の中には書物に書いていないような知識や最上の文学が蓄えられていた。それに子どものような心の持ち主でもあった。彼ほど透明な性格の人を知らない。考えていることをすべて見せてしまう人だった。彼の脳はガラス板の下にあるミツバチの巣だといった人もいる。その働く様子がすべて見える。はちみつさえ目にすることができる！　彼と散歩すると季節を問わずこれまで英国（イングランド）詩人たちが森や生け垣、牧草地や空などすべての現象について述べた最上のことを、思い出したり、新しく発見したりする機会が与えられたものだ。シェイクスピアの多くの抒情的な章句が口をついて出てくるし、ワーズワースとキーツは全部そらんじていた。この詩人たちが彼のお気に入りだったのである。また、恍惚へと

誘う真実の調べを持つ詩なら何でも読んでいて、その詩に込められた精神をどれ一つ忘れていなかった。

【解 説】

1- **He was an old scholar—not so very old, either—whom I had known for some five years,**

① He was an old scholar　クレイグ氏の死は63歳。若さは時代によって変わる相対的なものですが、この時代の63歳はold scholarだったのでしょう。と言っても、「very oldというほどの歳でもない」と言い添えています。つまり、oldとvery oldとの中間に位置づけているのです。ルーカスから見れば25歳年長であり、5年ほどの交際期間があったようですね。

② not ..., either: 先行する肯定文に続けて、前述を反復・修正（否定）して「oldと言ってもvery oldでない」

③ ⓐ whom I had known

　whomの先行詞はan old scholar。〈期間〉を示す前置詞for（cf. pp.145-146【参考（3）】）と過去完了形が使われています。I have known him for some five years. が〈時制の一致〉によって過去完了形に移ったと考えましょう。すでに亡くなった人だから過去完了形を使います。この点、英語では厳密に文法に反映し、過去完了時制以外は非文法的です。

　ⓑ know:「（人と）知り合いである」　*I have known Jane since she was a toddler.*「ジェインのことをよちよち歩きのころから知っている」（AF）（静的）

　ⓒ whomは関係代名詞の目的格。ⓐの解説では 'him' と示しましたが、このhimは先行するan old scholarを指します。非制限用法で、ダッシュがカマの代わりに使われて挿入句となっています。

2- **and had many a long walk with:**

I had many a long walk with him.

① 前にある whom は had known とこの文の with（前置詞）の目的語を兼ねています。

② many a ... :《公式的》「数々の…」「非常に多くの…」（意味は複数だが、単数扱い）（AF）

3 **a short and sturdy Irish gentleman,**

前文（He was an old scholar）と同格の文です。sturdy:「〈体などが〉たくましい」

3- **with a large, genial grey head stored with odd lore ...**

① genial [dʒíːnjəl]: friendly and happy（LDCE）　人の気質を表す形容詞。平川氏の訳は「にこやかな」

② grey head:「白髪頭」　白髪は grey hair で white hair とは言いません。黒い髪は dark hair。

③ head は「首から上の頭と顔を含んだ部分を指す」（AF）

④ stored with: （場所に）「～が蓄えられている」「保存されている」

⑤ lore: knowledge or information about a subject, for example, nature or magic, that is not written down but is passed from person to person「文字に書き記したものではなく、口伝えで人から人へと伝えられるもの、たとえば自然現象や魔力に関する知識や情報」（LDCE）「言い伝え、民間伝承」不可算名詞ですから無冠詞。

⑥ odd は lore の形容詞としては Kenkyusha に載っている odd bits of knowledge「雑多な」の意味が一番近いと思われます。

5- **a man of so transparent a character.**

so がなければ a man of a transparent character ですが、so を使うと、〈so ＋形容詞＋ a/an ＋名詞〉の語順に変わります。*It was so warm a day that I could hardly work.*「とても暑い日だった

のでほとんど仕事ができなかった」（SWAN 16）

同じ語順をとる副詞にas, how, tooがあります。

I have as good a voice as you.「私はあなたと同じくらい美声です」

How good a pianist is he?「どの程度上手なピアニストですか」

She is too polite a person to refuse.「とても礼儀正しい方ですからお断りなさいませんよ」（SWAN 16）

6 **He showed you all his thoughts:**

「自分の考えをすべて人に見せた」平川氏は「腹蔵のない人」と訳しています。このyouは一般的な「人々」

7- **you could watch all its workings.**

「（したいと思えば）ミツバチの動きすべてを観察することだってできる」このcouldは〈仮定法過去形〉。cf. 第1章 pp.22-23

【参考（11）】仮定法では〈時制の一致〉が適用されません。cf. p.145 6-③。第1章 p.28 5-②ではダッチスの独り言として、直接話法（現在形）のなかでcould（助動詞の過去形）が使われていますが、ここでは過去の回想として過去形のなかでcould（同じ助動詞の過去形）が使われています。

8- **To walk with him (at any season of the year) was to be reminded or newly told of the best ...**

「彼と歩けば…の最上のものを思い出させられたり、…について最上のものを新しく教えられた」

① （　）内を除いてみると、文の構造がはっきり見えてきます。2つのto不定詞は文の主語と補語になっています。

「彼と歩くことは（…を）思い出すことを教えられることである」

② was to be reminded or newly told of the best ...

(a) be reminded of the best ...

(b) be newly told of the best ...

be動詞wasの補語の部分に(a)(b)（ともに受動態）があるこ

とを確認しましょう。

10- **the best that the English poets have said on ... sky.**

「イングランド詩人たちが…についてうたった最上の詩」

① the best:「最もよいもの」(AF)

最上級の形容詞に修飾される名詞が省かれることが多いことはp.148で学びましたが、firstもbestも名詞としても多くの辞書に記載されています。

② that: 関係代名詞thatはつねに制限用法（cf. 第1章 p.5【参考(1)】）で用いられることから、the best（最上級の形容詞）のような限定性の強い名詞はthatの先行詞としてぴったりです。that（目的格）以下は長い関係代名詞節で、先行詞the bestを修飾しています。

③ ここの the English poetsとして著者の頭にある代表的詩人は次の文で挙げられているワーズワースとキーツです。EnglishはEnglandの形容詞ですが、「イングランド詩人」という言い方は日本語としてなじんでいません。日本語では特別な場合（たとえば最近サッカーやラグビーのチーム名として区別せざるを得ない場合）を除いて、EnglandもScotlandもWalesもIrelandもゆるく「イギリス」「英国」と呼んでいます（cf. pp.162-164【参考(5)】）。たとえば『イギリス名詩選』（岩波文庫）には、バーンズ（スコットランド生まれ）、イェイツ（アイルランド生まれ）やT. S. エリオット（米国生まれ）まで含まれています。この本の第2章（スコットランド人のスティーヴンソンの詩）は「イギリス児童文学 その2」として扱っています。『広辞苑』でも「イングランド」に「英国」という定義を与えています。しかし、英語学習者は、これら4者が英文でそれぞれどんな文脈でとらえられているかに無神経になることは危険です。

④ 現在完了形（結果）が使われていることに注意。

⑤ on all the phenómena of wood and hédgeròw, meadow and sky.

「森、生け垣、牧草地、空などすべての現象について」

wood, hedgerow, meadow, sky などはいかにも英国（イングランド）詩人が好んでうたったものの典型と考えられます。

all the phenomena を平川氏は「さまざまな色や姿」と訳されています。

11- **He had the more lyrical passages of Shakespeare at his tongue's end,**

「シェイクスピアの多くの抒情的な章句が口をついて出てきた」

① lýrical: beautifully expressed in words, poetry, or music「抒情的な」 シェイクスピアは劇作家なのですべての章句が「リリカル」とはいえません。

② pássage: a short part of a book, poem, speech, piece of music etc.「本、詩、演説、音楽からの一節」（LDCE）

③ more lyrical passage: 比較級 more は「シェイクスピア作品の中でも、よりいっそうリリカルな響きを持っている章句」の意味。なお、シェイクスピアの劇作品の中にもリリカルな詩がちりばめられています。

④ at his tongue's end ＜ at one's tongue's end/at the end of one's tongue:「詳しく暗記している、いつでも口をついて出る」（ランダムハウス） tongue [tʌŋ]:「舌」

13- **but he had read everything that has the true rapturous note,**

「真実のうっとりとさせる調べを持つ詩ならどんなものでも見逃さずに読んで頭の中に入れてあった」

①「（お気に入りの詩人ばかりでなく、）that 以下の性質を備えている詩ならすべて読んでいた」となります。〈not only A but

154

also B〉の気持ちがあります。had readは過去完了（生前読んでいた）。

② everything that has: このthatも10行目the best thatと同じく限定性の強い先行詞everythingにふさわしい関係代名詞です。動詞も現在形であることに注意。

③ the true rápturous noteでは、trueがrapturous noteを修飾しています。trueとrapturousの2つの形容詞の間にはカマやandがありません。p.141 *1 on a grey, damp afternoon*やp.151 *3- a large, genial grey head* などの修飾関係と比較してみてください。この問題は第7章 pp.224-226【参考（3）】で扱います。

④ note: a particular musical sound or pitch「音楽上の特定の音、高さ」 *She has a good voice but has trouble hitting the high notes.*「声はいいが、高音になると問題が生じる」（LDCE）
rapturousの語源raptは「（力ずくで）連れ去られた」の意だとAFにあります。「理性の力では抑制できないほど強く惹かれること、恍惚状態にまで連れて行かれること」と解釈したいと思います。rapturous note:「恍惚状態にまで連れて行かれてしまうような真実の響きを持つ調べ」 詩は「ことばの音楽」ですから、音楽用語が用いられるのは当然のことですね。

14- **and had forgotten none of its spirit.**
「（感覚に訴える調べを持つ詩はくまなく読み、）また、その詩の精神をいっさい忘れていなかった」

① none of ＋単数名詞：「…の少しも～（で）ない」

② itsはeverythingを指します。

③ ここも過去完了形。「忘れないで覚えていた」

3 未完成に終わった最高傑作

His life was divided between his books, his friends and long walks. A solitary man, he worked at all hours without much method, and probably courted his fatal illness in this way. To his own name there is not much to show; but such was his liberality that he was continually helping others, and the fruits of his erudition are widely scattered, and have gone to increase many a comparative stranger's reputation. His own *magnum opus* he left unfinished; he had worked at it for years, until to his friends it had come to be something of a joke. But though still shapeless, it was a great feat, as the world, I hope, will one day know.

【日本語文】

　彼の生活は書物と友人、長い散歩に分かれていた。孤独な暮らしだったので、たいして体系的な方法にも従わずに四六時中仕事をした。たぶんこんな生活が命にかかわる病を招いてしまったのだろう。彼の名前を世間に示す仕事はあまりないが、とても気前のよい性格だったので、絶えず他人を助けることになり、彼の学問の成果は広くばらまかれ、失われてしまって、その結果あまり親しくしていない人たちの評判を高めることになった。自身の最高傑作は未完成に終わらせてしまったのである。長年の間その仕事に取り組んでいたので、友人たちにはそれがちょっとした冗談のように語られるようになった。まだ形が整えられていないとしても、それは一大偉業であり、世間がそのことを認める日がきっとやってくると私は信じている。

【解 説】

1- **His life was divided between his books, his friends and long walks.**

「生活は書物と友人と長い散歩に分かれていた」

was divided between A, B, and C:「AとBとCに分けられていた」 betweenは原則として2つのものについて用いられますが、3つ以上のものにも用いられることがあります。*He divided his money between his wife, his daughter and his sister.*「彼は自分の金を妻と娘と妹に分け与えた」(SWAN 104)

2- **A solitary man, he worked at all hours ...**

「ひとり暮らしをしていたので、昼夜を問わず…仕事をした」

① 文法的には(Being) a solitary man, he worked at all hours ... とBeingを補って理由を示す意味を持つ分詞構文と考えることもできます。cf. 第3章 pp.85-86 *1*-④

② solitary: *adj.* spending a lot of time alone, usually because they like being alone (形)「多くの時間を1人で過ごす、通例、1人でいたいので」(LDCE) 冒頭の墓地の情景にもsolitaryが使われています。p.143 *1*-②

※漱石の「クレイグ先生」を読むと、クレイグ先生には「ジェーン」という、探し物をすぐに見つけてくれる「年は五十くらい」の「婆さん」がいて、先生の身の回りの世話をしている様子が描かれています。

【参考(4):類義語—solitary】

alone:「1人で」の意の最も一般的な語。

lonely, lonesome: 1人で寂しい、孤独な。

solitary:(自ら望んで)1人きりの、孤独な、独立した。

by oneself, on one's own: 1人で、独力で。(AF)

---

lone: ((文語)) 1人〔1つ〕きりの、唯一の。(AF)

  : *especially literary* completely alone, and sometimes
    seeming sad「〈特に文語で〉全く独りで、寂しそうに見
    えるときもある」(LDCE)

③ at all hours: at all hours (of the day and night)「(昼夜を問
わず)いつでも、時を選ばず」(AF)

3- **probably courted his fatal illness in this way.**

  ① próbably:「たぶん」「十中八九」は、〈確実性、可能性、蓋然
  性を示す〉法副詞。「十中八九」とは「確率80～90%」の意
  味ですね。cf. 第4章 p.108 確実性のスケール

  ② court:「(危険・死・災難などを)自ら招く」

  ③ fatal [féitl] < fate: resulting in someone's death「致命的な」
  a fatal disease (illness)「不治の病」(AF)

  ④ in this way:「このような暮らし方をして」

4 **To his own name there is not much to show;**

  = There is not much to show to his own name;

  ① to one's name:「自分の所有で」(AF)

  ② There is not much to show:「示すべき重要なものはない」「こ
  れと言って挙げるべき業績も多くない」

    not much: used to mean that something is not important,
    interesting, worthy etc「あるものが重要でも、興味深くも、
    価値あるものでもないという意味で用いられる」(LDCE)

    この文は現在の視点から、現在形で書かれています。

4- **such was his liberality that he was continually helping
others,**

  = his liberality was such that he was ... such が強調のために
  文頭に出てV + Sとなった倒置文。「彼は非常に気前がよかった

ため、絶えずほかの人たちを手助けしていた」　such (...) that
「とても…だったので」の構文に注意。

① such は代名詞「そのようなもの」

② liberálity [lìbərǽləti]:「心の広さ」

③ この過去進行形was helpingは反復行為を示しています。

④ continually < contínual:「断続的な、しきりと起こる（通例好ま
しくない事柄に用いる）」　*continual pain*「継続的な痛み」（AF）

5- **and the fruits of his erudition are widely scattered, and
have gone ...**

erudition [èrudíʃən]:「《公式的》博学、学識」（AF）

「だから学識の成果は広くばらまかれ、失われてしまった」

go（現在形）:「（物が）消え去る、なくなる」　have gone（現在
完了形）:「失われてしまった（だから今残っていない）」

6- **to increase many a comparative stranger's reputation.**

「比較的親しい仲でもなかった多くの人たちの評判を高めた」

① to increase ...のtoは〈結果〉を示す不定詞を導く。その結果「…
を増やすこととなった」

② many a: p.151 *2-②* many a long walkの項で解説しました。

③ compárative stranger: strangerとは見知らぬ人、初めて会っ
た人。友人でもない人。strangerと言っても程度があり、た
とえばperfect/complete strangerを、会ったことのない絶対
的（知り合い度ゼロ）strangerとすると、初めて会った人は
知り合い度1、顔や名だけ知っている人は知り合い度2と比較
することができます。こう考えてみるとcomparative（比較的
な）strangerの意味が理解できます。

7- **His own *magnum opus* he left unfinished;**

「彼自身の代表作は未完のままにされていた」

普通の語順に直すと、He left his own *magnum opus*

unfinished. 〈SVOC〉の文型ですが、Oを強調するために前置した文になっています。

> *mágnum ópus: Latin* the most important piece of work by a writer or artist「〈ラテン語〉代表作、作家や芸術家の最高傑作」(LDCE)

8- **he had worked at it for years, until to his friends it had come to be something of a joke.**

① he had worked at it for years, until ... は、過去完了形で、「その代表作に何年も取り組んだ。そしてついに…」

② until以下を普通の語順に直すと、until it had come to be something of a joke to his friends. となります。こちらも過去完了形で、「そしてそれはついには友人たちにはちょっとした冗談のようなものになってしまっていた」

③ something of a: used like 'rather' to emphasize the effect of something, the seriousness of something etc「ratherと同様、あるものの結果、重大さを強調するために使われる」(LDCE)「かなりの…」「ちょっとした…」(AF)

10 **though still shapeless,**

「まだ形が整えられていないとはいえ」

10- **it was a great feat, as the world, I hope, will one day know.**

「それは偉業であった。世間がいつかそれ（偉業であったこと）を認める日がきっと来ることを私は願っている」

① feat: something that is an impressive achievement, because it needs a lot of skill, strength etc to do「多くの熟練や知力などを必要とするので感動させられるような仕事」(LDCE)「偉業」(AF)

② as the world (, I hope,) will one day know.

挿入されたI hopeを外して考えてみます。asは先行の文（it

was a great feat）を先行詞とする関係代名詞。先行の文は
knowの目的語になっています。I hope the world will one
day know that it was a great feat. カマがありますから、非制
限用法です。類例：*I live a long way from work, as you
know.*「ご存じのように職場から遠いところに住んでいます」
（Quirk p.1116）cf. p.147 *10-*②

will は2・3人称の主語に用いて、話者（ここでは著者ルーカス）
の経験・知識に基づく推測を示します。「（私の推測では）世
間もいつか（これが偉業であることを）きっと認めるようにな
ると私は願う」 AFはこのwillについて、「話し手の確信の度
合いはshouldよりも高く、mustとほぼ同様」と記しています。
第4章 p.108 確実性のスケール

③ know: realize, find out about, or understand something「な
にかに気づき、分かり、理解する」（LDCE）（動的）

4 アイルランド人気質

**Lack of method and a haphazard and unlimited
generosity were not his only Irish qualities. He had a quick,
chivalrous temper, too, and I remember the difficulty I once
had in restraining him from leaping the counter of a small
tobacconist's in Great Portland Street, to give the man a good** 5
**dressing for an imagined rudeness—not to himself, but to
me. And there is more than one 'bus conductor in London
who has cause to remember this sturdy Quixotic passenger's
championship of a poor woman to whom insufficient courtesy
seemed to him to have been shown. Normally kindly and** 10

tolerant, his indignation on hearing of injustice was red hot.
He burned at a story of meanness. It would haunt him all the
evening. "Can it really be true?" he would ask, and burst
forth again into flame.

【日本語文】

　体系的方法に従わず、行き当たりばったりで際限なく寛容な性質
だけが、彼のアイルランド人気質というわけではなかった。かっとな
りやすいけれど、「弱きを助ける」騎士道的精神も持ち合わせていた
のである。思い出してみると、グレイト・ポートランド街の小さなタ
バコ屋で、主人が無礼を働いたと思い込んで、その代償に一発お見
舞いしようとカウンターを飛び越えようとしたところを、苦労して私
が抑えたことがあった。その無礼というのも自分に対するものではな
く、私に対するものであった。また、ロンドンの乗合馬車で、貧しい
婦人の乗客に対してしかるべき礼儀を怠ったと感じて、この婦人のた
めに頑健でドン・キホーテ的な乗客が抗議したことをしっかり覚えて
いる車掌が1人ならずいるはずである。普段は親切で寛容だが、いっ
たん不正があったと聞くと、たちまちのうちに憤懣やるかたない怒り
に激しく燃えた。卑劣なことがあったと聞けば、かっとなった。その
ことは一晩中頭から離れなかったにちがいない。「そんなことが本当
にあるのだろうか」と言い、再び怒りで燃え立ったものであった。

> ## 【参考 (5)：イギリス／イングランド／ウェールズ／アイルラ
> ンド／スコットランド】
>
> 　イギリス（英国）の公式名はthe United Kingdom of Great
> Britain and the Northern Ireland、通例略してthe United
> Kingdom。The United Kingdom はGreat Britain と Northern
> Ireland を含み、Great Britain は England, Scotland, Wales を含む。

あまり公式でないとき、Great Britain は the United Kingdom と同じ意味で用いられ、通例 Great Britain と the UK が用いられることが最も多い。（LDELC から UK の項を和訳）

　原著者による「アイルランド人気質」とはなにか、整理しておきましょう。

　①方法論がない、理路整然としていない。②場当たり的で際限のない寛大さを持つ。③気がはやる、かっとなる。④騎士道的精神、女性や弱きものを助ける。

　これで一般の日本人の英語学習者には「アイルランド人」の特徴とされているものが、少し分かっていただけたでしょう。一方、「イングランド人」「スコットランド人」「ウェールズ人」などの特質がなにか、よく理解できていないのではないでしょうか。英語でこれらの地方についての言及があったら、意識的にその背景にその住民たちの気質が示されていないか注意してみましょう。

　私が1年の留学生活を送った北部ウェールズ Bangor では、当時（1970年代）反イングランド感情が根強く残っていました。ウェールズ人には、「英語」を意味する以外、English という形容詞を使うときには細心の注意が必要とされることを痛感しました。English は England の形容詞でもあるからで、そこですべて British と言っておけば、問題は起こらないことに気づきました。British は無色透明ですが、English は、鋭く反応が起こる危険な英語です。同じウェールズ地方でも南部地方はイングランド化（Anglicised）されて、この問題は起きていないと聞きました。

　スコットランドにイギリス連合王国、UK（United Kingdom）から独立しようという動きがあり、EU に加盟希望があるのを私たちは承知しています。彼らにも反イングランド感情が存在しているのではないかと思われます。エディンバラ在住のイング

ランド人の私の友人から聞いた話ですが、彼女の小学生の息子は、自分がイングランド人だと知らないで、友人同士で口にするイングランド人の悪口を母親である彼女に告げたそうです。

アイルランドはイギリス諸島西部の大きな島で、現在はUKに所属する北アイルランドと、1949年に独立したアイルランド共和国から成っています。共和国の友人の家に滞在中、反イングランド感情をしばしば感じました。もちろんルーカスとクレイグの時代には「アイルランド共和国」はまだ存在していません。

「クレイグ先生」のなかで漱石は「一体英吉利人は詩を解する事の出来ない国民でね。其処へ行くと愛蘭土人はえらいものだ。はるかに高尚だ」とクレイグに言わせています。

【解 説】

1- **Lack of method and a haphazard and ùnlímited generosity were ...**

「方法論の欠如と計画性も際限もない寛容さ」 不定冠詞のaは名詞generósityに付いています。wereの主語はlackとgenerosityです。基本的な文法をいつも確認しましょう。

haphazard:「無計画な」

2- **He had a quick, chivalrous temper,**

「短気だが騎士道的な気質もあった」

chivalrous:「①騎士道にかなった ②〈男性が〉女性に親切な、礼儀正しい」(AF)

quickとchívalrousがtemper(気質)を修飾していますが、「気短か、怒りっぽい」と「騎士道的」という2つの形容詞は同一人物の性格描写として矛盾があり、しっくりいきません。何らかの工夫が必要です。平川氏の訳では「よく言えば義俠心、悪く言えば大の癇癪持ち」と見事に処理されています。Kenkyusha

164

にも「義俠」の訳語があります。ヨーロッパ中世の響きを持つ chivalrousと、極めて日本的な「義俠心」との共通点は「強きをくじき、弱きを助ける」です。9行目のa poor woman「貧しい婦人」が弱者の例となります。

3- **I remember the difficulty I once had in ...**

ここから現在形で書かれていることに注意。

= the difficulty which I once had in ...

the dífficulty in ... :「…における困難、苦労」 関係詞節で修飾されているので限定詞としてのtheが付いています。

4 **restraining him from leaping ...**

「彼が…を飛び越えないよう抑える」

〈restráin＋目的語＋from＋動名詞〉で「人が…しないよう制止する」

5 **tobacconist's**:「たばこ屋」 店の名前に付けるアポストロフィs（'s）の用法 (cf. 第1章 pp.24-25【参考 (12)】)。tobácco [təbǽkou]:「たばこ」、cigarette:「紙巻きたばこ」、cigar:「葉巻」、snuff:「かぎたばこ」

5- **to give the man a good dressing for an imagined rudeness —not to himself, but to me.**

「彼にではなく、私に対して無礼な態度をしたと思い込んで、たばこ屋に大目玉を食らわそうと」

① to give the man a good dressing＜give a person a (good) dressing (-down):「(人を) しかりつける」がAFの定義。

dressingは口語で＝ dressing-down（Kenkyusha）。

the manは「店の主人」を指し、goodは「たっぷりの」「十分な」の意。

② for an imágined rudeness:「想像上の無礼の代償として」「無礼なふるまいと思い込んで、それと引き換えに」 imagineし

たのはクレイグ。rudeness not to A, but to Bと続く。

③ not to himself, but to meは、〈not A but B〉で「彼（クレイグ自身）に対する無礼ではなく、私（筆者ルーカス）に対する無礼（なふるまいと思い込んで）」

②と③のなかにHe imagined that the man was not rude to himself, but to me.の文が潜在していると考えましょう。

7　**And there is more than one 'bus conductor**

この文も現在形です。

「1人より多い乗合馬車の車掌がいる」

①「1人より多い」としたら複数の車掌がいたわけですが、動詞は単数形（is）です。

The expression *more than one* is generally used with a singular noun and verb.「more than oneという表現では概して単数形の名詞、動詞を用いる」 *If things don't get better, more than one person is going to have to find a new job.*「事情が好転しなければ、新しい就職口を見つけなければならない人が1人ならずいるだろう」（SWAN 504.3）

② 'bus: omnibusの短縮形。この時代の「乗合馬車」「20世紀の初めまで'busが用いられた」（Kenkyusha）

③ condúctorは「車掌」

8　**who has cause to remember**

「覚えているだけの理由を持つ」

関係代名詞whoは主格、先行詞はmore than one 'bus conductor。hasが現在形、単数の動詞であることに注意。制限用法。

8-　**this sturdy Quixotic passenger's championship of a poor woman ...**

「この屈強でドン・キホーテ的な乗客が貧しい婦人を擁護したこと」

① Quixotic [kwiksótik]: having ideas that are not practical and

166

plans based on unreasonable hopes of improving the world
「非現実的な考えと世界を改善したいという理性を欠いた願望
に基づく計画を持つ」「ドン・キホーテ的な」（LDCE）

この語の意味は前出のchivalrousとほぼ同じ。同一語を避け
るために使われたと思われます。

② pássenger's championship of a poor woman

    ⓐ pássenger'sの所有格は〈主述関係〉を示し、次に来る名
詞の中に含まれる動作の主語（この乗客が擁護したこと）
を示します。the king's arrival「王の到着＝王が到着した
こと」

    ⓑ chámpionship:「擁護〈of〉」（リーダーズ）「（貧しい婦人）
の擁護」

9- **to whom insufficient courtesy seemed to him to have been shown.**

    ① seemed (to him) to have been: 完了不定詞はseemedの過去
形より前のことを表すので、it seemed to him that insufficient
courtesy had been shown to a poor womanと同じと考えら
れます。

「（貧しい女性に対して）（車掌によって）十分に礼儀が示され
なかったと彼（クレイグ）には思われた女性」つまり、「貧し
い身なりをしていたために車掌が粗略に扱ったと思われた女性」

    ② whomの先行詞はa poor woman。

    ③ courtesy [kə́rtəsi]: polite behaviour that shows that you have
respect for other people「ほかの人たちに対して敬意を持っ
ていることを示す礼儀正しいふるまい」（LDCE）

10- **Normally kindly and tolerant,**

    ① = Though he was normally kindly and tolerant,「通常は彼
は親切で寛容であったが」 不必要な語句は省略し、引き締まっ

た文体で書かれています。省略された he は 11 行目の was red hot の実質的な主語でもあります。

② kindly: cf. p.144 【参考 (2)：類義語―kindly / kind】kindly の意味は 'a person's general（平常の）character' とありますから、Normally（通常は）にぴったり一致しますね。

③ tolerant [tɔ́lərənt] < tóleràte: 「許容する」

11 **his indignation on hearing of injustice was red hot.**
「不正を耳にするや彼は激怒した」

① ìndignátion: 「不正・悪・卑劣な行為などに対する憤り」（AF）

② on hearing of: 「…を耳にするとすぐ」
　このonは、動作を表す名詞や動名詞の前で使われる前置詞の on です。「不正があったことを聞くとたちまち覚える（憤り）」

③ red hot: 辞書には red-hot として載っています。「激怒した」（AF）his indignation ... was red hot. = he was red hot with indignation.

12 **He burned at a story of meanness.**
「卑劣な話を聞いてかっとした」

① burn: 「（通例進行形で）興奮する、かっとなる」 *I was burning with rage.* 「私はかっとなっていた」（AF）ここでは進行形が用いられていない。（一時的ではなく、習性として述べているので）

② at は〈原因・理由〉を表します。*He was surprised at the news.* 「そのニュースを聞いてびっくりした」

12- **It would haunt him all the evening.**
「その話はきっと一晩中頭から離れなかったにちがいない」

① it = a (the) story of meanness

② would は法助動詞。〈話し手の推測〉を表します。

③ haunt [hɔ́:nt]: to cause problems for someone over a long

period of time「悩みが人に長時間取りつく」

13- **"Can it really be true?" he would ask, and burst forth again into flame.**

canは法助動詞〈可能性〉を表します。「『それが本当であり得ようか（とても信じられない）』と自問し、また怒りが爆発したものでした」

① wouldは過去の習慣を表し、askとburst の2つの原形動詞に関わる法助動詞であることに注意。

② askは直前の直接話法が疑問文であるために使われた動詞です。自問しているわけです。

③ burst forth: *old use* to suddenly begin「〈古用法〉急に始める」
Mary burst forth into song.「メアリーは急に歌い始めた」（LDPV）

burst into flame(s):「ぱっと燃え上がる」（AF）

【第5章の終わりに】

　複雑な構文から成る長文が多く、ほかの章と比べて難解な英文だと感じられた方もおられると思います。意味を理解した上で何度も繰り返して読んでいくうちに英文の読解力が付いたと実感できるのではないでしょうか。E. V. ルーカスは名文を書く人として知られ、ペンギン古典叢書の *A Book of English Essays* に 'A Funeral' を含む3編が採られています。この本はエッセーの父と呼ばれるフランシス・ベーコン（1561-1626）から、第2章で詩を読んだR. L. スティーヴンソン（1850-1894）（3編）、V. S. Pritchett（1900-1997）まで、25人のエッセイストの作品が採録されています。英国のエッセーに関心のある方は手に取ってみてください。

第6章

世界的なカナダ人作家、アトウッドが両親、祖父母を語る

Margaret Atwood
Victor-Lévy Beaulieu
Two Solicitudes: conversations

マーガレット・アトウッド、
ヴィクター=レヴィ・ボリューによる対談
『2つの配慮：対談』より

【 著者と引用作品について 】

　第5章までの英語はすべて英国人の英語（British English）で書かれた作品を扱っていましたが、この章で引用する英語は少し複雑な背景を持っています。対談する2人はカナダ人ですが、マーガレット・アトウッド（Margaret Atwood, 1939-）は「英語を母語とするカナダ人」（English-Canadian）、対するヴィクター゠レヴィ・ボリュー（Victor-Lévy Beaulieu, 1945- 以下VLBと表す）は「フランス語を母語とするカナダ人」（French-Canadian）です。この1つの国カナダの中にある2つの社会の分離（English/French divide）は、私たち日本人の想像を超えるほど大きなものであるようです。

　対談はアトウッドがフランス語を使って行われました。フランス語圏、ケベック州のラジオ局によって企画されたシリーズ放送番組です。放送は大成功を収め、その結果フランス語版が1996年、英語版が1998年に出版されました。私が使った英語版にはこの放送を企画したリムースキイ（Rimouski、ケベック州の地名）の「ラジオカナダ」のプロデューサー、ドリス・デュメ（Doris Dumais）によるはしがき（Preface to the French Edition）とアトウッドによる序文（Introduction）が収められています。

　この章で私たちが出会う英語について整理しておきますと、アトウッドの発言は彼女が話したフランス語（彼女にとっては非母語）を英訳したものであり、VLBの発言は彼の母語フランス語を英訳したものです。このような背景の英語をこの章で私が引用する意図は、英語は、普段私たちが認識しているように、英国人やアメリカ人の母語であるだけでなく、カナダの英語圏の人々、大多数のオーストラリア人、ニュージーランド人の母語でもあるということを改めて認識する機会がほしいと思ったからです。私たち日本人の英語学習者は、理想的にはどの英語にも接しておくことが望ましいと思います。どの英語にも共通した英語の中核といったものがあり、それを習得

すれば、どの英語にも一応対応することが可能だと思います。言う
までもありませんが、英語は非母語話者の間（たとえば私たち日本
人とアフリカ人、南米人、ヨーロッパ人、アジア人）のコミュニケー
ションの手段としても日常大いに役立っています。これは英語が「国
際語」としての機能（役割）を担っていることを示しています。

　平均的な日本人はカナダに関して知らないことが多いですね。地
図を用意してください。必要に応じて北米の地図を見ながら具体的
に想像を働かせて、この章の文を読んでみましょう。

　マーガレット・アトウッドは1939年オタワ生まれ、現在カナダを
代表する国際的に評価の高い作家、詩人、評論家です。邦訳作品も
多数ありますが、ここでは自伝的色彩が濃いと言われる長編小説
Cat's Eye（1988）（邦訳『キャッツ・アイ』松田雅子ほか訳、開文社
出版、2016）、そのほか2000年度ブッカー賞受賞の長編小説 *The
Blind Assassin*（2000）（邦訳『昏き目の暗殺者』鴻巣友季子訳、早
川書房、2002）、カナダ総督文学賞受賞作の *The Handmaid's Tale*
（1985）（邦訳『侍女の物語』斎藤英治訳、新潮社、1990）を挙げて
おきます。『侍女の物語』は300万部の売り上げがあり、アトウッド
は国際的作家になりました。1990年にはハロルド・ピンターの脚本、
フォルカー・シュレンドルフ監督、フェイ・ダナウェイ、ナター
シャ・リチャードソンの主演で映画化されています。

　さらに同作は『ハンドメイズ・テイル／侍女の物語』としてドラマ
が製作され、2017年にエミー賞で8部門を受賞、アトウッド自身も
「consulting producer」とクレジットされています。

　また、*The Blind Assassin* に次いで *The Testaments*（2019）が2回
目のブッカー賞に選ばれました。

　VLBについては資料がないので、この対談集の中のアトウッドによ

るIntroductionから引用し、この章の本文を始めます。

アトウッドによるVLBのプロフィール

    Doris arranged for me to meet Victor-Lévy Beaulieu during one of my visits to Montréal, before the series began recording. He was a formidable figure, with a beard like Edward Lear's, a throwaway sense of humour, a mind full of literature, a past not unconnected with separatist philosophy,   *5* a purple shirt, and a tie ornamented with miniature Goofies. We eyed each other over glasses of orange juice, and exchanged pleasantries. Then we galloped off to read each other's works. I had the lengthier task: VLB, as he is known, has written a great deal indeed, and in every possible form except poetry: *10* novels, plays, essays, scripts for *téléromans*, and some other things you can't exactly classify. A translator I know has called him the Victor Hugo of Québec literature, and there's something to that. Not only that, as the radio series was to be in French, VLB had only to make his way through those of my   *15* books that had been translated, whereas I had, you might say, the entire universe to choose from.

【日本語文】

　ドリスはこのラジオ番組の録音が始まる前に、私がモントリオールへ行ったときヴィクター=レヴィ・ボリューと会える機会を作ってくれた。彼は恐るべき人物で、エドワード・リアのようなあごひげを蓄え、さりげないユーモアを発揮する才能の持ち主だった。頭の中に

は文学がいっぱい詰まっていて、過去には分離主義的考えと無関係でない時期もあった。ワイシャツは紫色、グーフィーのミニアチュアをあしらったネクタイ。私たちはグラスに入ったオレンジジュースを飲みながらじろじろ互いの顔を見合わせ、型通りのあいさつを交わした。その後お互いの著作を読むために急いでその場から離れた。私のほうは彼よりずっと時間のかかる課題を背負い込むことになった。通称VLBとして知られているボリューには、まことに大量の作品があり、それも、詩を除くあらゆる分野の著作、つまり、小説、戯曲、エッセー、通俗的な連続テレビドラマの脚本に及び、そのほか、正確には分類不可能な作品もいくつかあるのだから。私の知人の翻訳家は彼をケベック文学のヴィクトル・ユーゴーと呼んだことがあるが、なるほどと思わせる。その上、ラジオ放送はフランス語で行われることになっていたので、VLBはただ私の仏訳された著作のなかから読めばいいのに、私のほうとしては果てしないと言ってよいほどの選択肢があったのだ。

【解 説】

2　**one of my visits to Montréal,**

Montreál [mòntrióːl]：「モントリオール」「カナダ南東部、ケベック州の港市でカナダ最大の都市、St. Lawrence河中の同名の島にあり、商工業の中心地」（Kenkyusha）VLBはケベック州在住。

3-　**He was a formidable figure, with a beard like Edward Lear's,**
…

① fórmidable: a formidable person etc is one that you feel respect for because they are very powerful, or impressive「大変有力あるいは印象的なので人々が敬意を持つ人」（LDCE）

② figure: someone who has a particular type of character or appearance or who is important in a particular way「独特

175

の性格か外観を持つ人、あるいは特別な点で重要な人物」
（LDCE）

③ beard [bíərd]［発音注意］:「あごひげ（首の部分のひげも含む）」
「（口ひげはmoustache, ほおひげはwhiskers）」（AF）

④ Edward Lear [édwərd líər]
英国の画家、詩人（1812-1888）で、ノンセンス詩の中心的存
在。彼自身の描いたカリカチュアを含めて、肖像にはあごひ
げが特徴になっています。

4 **a throwaway sense of humour**
「さりげないユーモア感覚」
humourは〈英〉のスペリング、〈米〉はhumor cf. 第7章 p.247
10-④ⓑ, p.257 *3*-②。

5 **a past not unconnected with separatist philosophy,**
① a past not unconnected with ... :「…と無関係というわけでは
なかった過去」 否定語を重ねて婉曲な表現をしたのは、現在、
VLBが分離主義者ではないものの、過去には一時期分離主義
者であったことを言外に語っているからです。

② séparatist philósophy = separatism:「（民族、宗教上の）分離
（独立）主義」 ここではケベック州のカナダからの分離、独
立主義のことを指しています。

6 **Goofies.**
Goofy:「ディズニーの漫画映画でミッキーマウスの友だち。の
んびり屋の犬」（ランダムハウス）

7- **We eyed each other over glasses of orange juice, and
exchanged pleasantries.**
① eye: to look at someone or something carefully especially
because you want something or you are suspicious of
something 「注意深く人や物を見る、特にそれがほしいので、

または疑わしいので見る」（OALD）

ここでアトウッドは初対面の人に対する緊張と警戒感を、多少大げさに巧みなユーモアをまじえて描いています。この Introduction は本になってから英語版の読者のために書かれたと考えられるので、初対面の場面は回想であり、のち、対談を重ねていくうちに生まれた親近感があってこその描写であることに注意したいと思います。

② over:「…しながら」 *Let's talk over a cup of tea.*「お茶でも飲みながら話そう」（AF）

③ pléasantry: (usually plural) a funny or not very serious remark, made in order to be polite「（通例複数形）社交辞令上、冗談か軽い気持ちで言うことば」（LDCE）

exchange pleasantries:「型通りのあいさつを交わす」（AF）

9 **the lengthier task:**

lengthier は lengthy の比較級。＜length [léŋkθ] は long（形）の名詞形。発音に注意。

léngthy [leŋkθi]: continuing for a long time, often too long「とても長い時間続く、しばしば長すぎる」（LDCE）

11 ***téléromans,***

辞書にこの単語は載っていません。カナダの友人に訊くと、soap opera「ソープオペラ、昼メロ、テレビで主婦向けに昼間放送されるメロドラマ調の連続劇」（ランダムハウス）と同じとのこと。

12- **A translator ... has called him the Victor Hugo of Québec literature, and there's something to that.**

has called him: 現在完了「これまでに呼んだ」

「それ（VLBがケベック文学のヴィクトル・ユーゴーであるという比喩）には一理ある」

something:「価値（意味）のあるもの；真実」（AF）　*There is something in [to] what you say.*「君の言うことには一理ある」（Kenkyusha）

14- **the radio series was to be in French,**

「この連続ラジオ放送はフランス語で行われる予定だった」

① series は -s で終わっているので一見複数形に見えますが、成句 a series of として単数扱いです。

② 〈be + to 不定詞〉は「文の主語以外のもの（人間・周囲の事情）によって決められている行為を示す」（cf. 江川 §147B）ここでは放送局によって決められた「予定」を表します。cf. 第2章 p.49 *3* ④

15- **VLB had only to make his way through those of my books that had been translated,**

① have only to do = only have to do:「…しさえすればよい」

② make his way ＜ make one's way:「行く、進む」ここでは「読む」

③ through those of my books ...　through には「困難を通り（切り）抜けて」というニュアンスが感じられますが、面白くない自分の作品を読むには困難があっただろうという謙遜の気持ちが込められているようです。

④ those of my books that had been translated,

「これまで（フランス語に）翻訳された私の本のうちの何冊か」that（関係代名詞）の制限用法によって修飾された my books のなかの何冊か（全部ではない）、この those は特定のもので、some（不定のものを示す）は使えませんが、some of my books ... と構造は似ています。

16- **whereas I had, you might say, the entire universe to choose from.**

「一方私のほうは宇宙まるごとと言ってよいほどのものから選ば

なければならなかった」

① whereas [*hwὲəræz*]:（接続詞）「…であるのに対して」 対比・対照を表します。

② 2つのカマに挟まれたyou might sayは、'the entire úniverse' と言ってもよいかもしれない、と大げさな表現を使うことに配慮して挿入したものです。

③ to choose fromはthe entire universeを後から修飾。from（前置詞）の目的語はuniverseです。「そこから選ばなければならなかった大宇宙（莫大な量の著作）」

彼の作品の多さと多様さを「宇宙まるごと」と大げさに表現して、自分のほうが格段に不利な条件を課されたボヤキを、ユーモアで包んで匂わせています。

ここからラジオ放送の始まりです。第2段落から引用します。

【原文1】VLB

VLB: ... I'd suggest that our discussion centre on childhood. Childhood is the basis of reality. It's through childhood that the future is formed, that we really become what in fact we have been from the beginning. As a Québécois, I don't know much about your childhood, except for a few bits of biography   5
provided by your publishers. I know that you were born on November 18, 1939, in Ottawa, that your father was an entomologist and professor, and that as a child you lived in Sault Ste. Marie, Toronto, and northern Québec. But that's so little. I'd like to learn more, if only to better understand   10
Surfacing and *Cat's Eye,* those two great books you've written

on childhood.

Since, as you probably know, we're a bit fanatical about genealogy in Québec, my first question will be about your parents' background. Where did your mother and your father come from? *15*

【日本語文】

VLB：…子ども時代を中心とした問題から私たちの討論を始めたいと思います。現実世界の根底には子ども時代があると考えるからです。将来が形成されるのは子ども時代を通じてであり、そもそも生まれてから現在の自分に至ったのも、実に子ども時代を通じての結果にほかなりません。ケベック人の私としては、あなたの子ども時代についてはあまり知識がありません。ご著書を出された出版社からご経歴を少しばかり知っただけです。たとえば1939年11月18日、オタワ生まれ、父上は昆虫学者で大学教授、子どものころはスー・セント・メリーとトロントとケベック州北部に住んでいらっしゃったこと。これだけでは少なすぎます。ご著書の『浮かびあがる』と『キャッツ・アイ』、この2冊は子ども時代について書かれているすばらしい作品ですが、この2冊をさらによく理解するためだけにも、もっと多くのことを知りたいと思います。

多分ご存じのことと思いますが、ケベック人は系図的なことを極度に好む傾向がありますので、私の最初の質問はご両親の履歴についてうかがうことになります。お母さまとお父さまの出身地はどちらですか。

【解　説】

1 **I'd suggest that our discussion centre on ...**
　　① I'd suggest that ...　I'd = I wouldは「もし許されるなら」の

含意を伴う丁寧表現。「提案させていただきます」の意。'I suggest'と言えば、「自分は提案する」と主張している傲慢な印象を相手に与えてしまいます。また、対談はふつう口語体で行われるので、ここでは縮約形I'dが使われていることにも着目してください。

suggestに続くthat節では動詞は（should＋）原形不定詞が用いられます。提案の内容は仮のもので、事実ではないから仮定法現在を使います。事実を伝える直説法は使えません。（直説法ならcentresとなるはずです）〈英〉ではshould＋原形不定詞が、〈米〉では仮定法現在（原形不定詞）がよく使われます。ここでは〈米〉ですね。

② centre on ... :「…に集中する」 centreは動詞の原形。カナダでも〈英〉のスペリングが採用されていることが分かります。〈米〉ではcenter。

2- **It's through childhood that the future is formed, that we really become what in fact we have been from the beginning.**

① 強調構文〈it is ... that節〉で、「that以下のことは子ども時代を経てこそ起こるのである」となり、through childhoodが強調されている文。that節が2つあり、後者は、複雑な構文と深い内容が重なり、意味が通りにくく、日本語にもなりにくい難解な部分です。

② It is 〜 that ... : 強調構文。It's through childhood that the future is formed, は、強調文でない文に書き換えると、The future is formed through childhood.「未来は子ども時代を経てこそ形成される」となり、「子ども時代の過ごし方によってこそ未来は決定される」と考えることが可能です。

③ It's through childhood (...,) that we (really) become what (in fact) we have been from the beginning. 強調文ではない文

に直してみると、we (really) become what (in fact) we have been from the beginning through childfood.「私たちは、生まれて以来、子ども時代を通って（成人した）現在の自分になる」となります（かっこ内の訳は省いています）。

ⓐ we have been　現在完了形（結果）に注意。

ⓑ whatは先行詞を含めた関係代名詞（cf. 第2章 p.49 3 ④）で、become（〈SVC構文〉の典型的動詞）の補語になっています。

ⓒ in factは「実際は」。really becomeの'really'とwhat in fact we have beenの'in fact'の、2つの副詞（句）は、かっこに入れて省き、核の部分だけを示すとWe become what we have been from the beginning.となり、意味が理解しやすくなります。

4- **As a Québécois, I don't know much about your childhood,**

① Québécois [kèibekwá:]（複数形）:「ケベック州の人」（特にフランス系の人を指す）（AF）

カナダの英語系とフランス語系の国民の間には私たち日本人が想像するより大きな分離があります。VLBは自分はケベック人だから、英語系カナダ人であるアトウッドの経歴に関しての知識には限界があると述べているのです。

② I don't know much about ... :「…については詳しくは知らない」

5　**a few bits of biography**

biógraphy [baiágrəfi]:「伝記」

a few bitsは「2〜3の断片的なこと」。具体的には、6行目I knowで始まる文の内容が示しているアトウッドの経歴を指します。

7-　**your father was an entomologist**

èntomólogist:「昆虫学者」＜èntomólogy:「昆虫学」

10　**if only to better understand**

① only to do:「（目的を表して）ただ…するために」　ここのifは

譲歩を示し、「たとえ…するためだけにも」の意。VLBが詳細にわたって訊くことを遠慮しているニュアンスが感じとれます。

② better understand:「よりよく理解する」

better: well（副詞）の比較級。

11- **those two great books you've written on childhood.**

books (that) you've written ... : 関係代名詞目的格の省略。「子ども時代について書かれたこれら2冊のすぐれた本」　直前の *Surfacing* and *Cat's Eye* と those two great books ... は同格、2冊の本に説明を加えています。

13- **we're a bit fanatical about genealogy in Québec,**

① a bit fanatical about ...

fanátical:（形）（…について）「熱狂的な」

強いことばを使ったのでa bitを加えて意味を弱めています。

② genealogy [dʒìːniǽlədʒi]:「系図学、家系」

ケベック人は家系に極度にこだわりを持つ人たちだということをユーモアたっぷりに語っています。

15- **Where did your mother and your father come from?**

通例は現在形で出身地を尋ねる定型表現。*"Where do you come from?" "I come from Seattle."*「どちらの出身ですか」「シアトルです」（AF）cf. p.184 *1*

【原文2】Atwood

Atwood: **My father and mother are both from Nova Scotia. It all started with Puritans from New England who came up during the American Revolution and Huguenots who came from France in the eighteenth century, and who also settled in Nova Scotia. And there were also Scots, driven out by the** *5*

English, and a few Irish. And also people from Wales. All sorts mixed together. In Nova Scotia, there are a lot of little villages all along the coast, and in each village there's a different kind of people. My father comes from the southern coast, my mother from the Annapolis Valley. They had to *10* leave during the Depression. Confederation had not been all that great for the Maritime provinces.

【日本語文】

アトウッド：父も母もノヴァスコシア出身です。そもそもすべての始まりは、アメリカ独立戦争中にニューイングランドから移ってきた清教徒たちと、18世紀にフランスから来て、やはりノヴァスコシアに移住したユグノーたちでした。イングランド人に追いたてられたスコットランド人も、また、少数のアイルランド人もいましたし、ウェールズから来た人たちもいました。これらの人たちみんなが混じり合いました。ノヴァスコシアには沿岸全体に小さな村がたくさんあり、それぞれの村に出身地の異なる人たちが住んでいます。父は南部沿岸、母はアナポリス渓谷出身です。どちらも世界大恐慌中に住居を移さなければならないことになりました。当時まだ大西洋岸地域にはコンフェデレーションがそれほど十分に及んでいなかったからです。

【解 説】

1　**My father and mother are both from Nova Scotia.**

VLBの Where did your mother and your father come from?（過去形）（p.180, 15行目以降）に対して、アトウッドは現在形（... are from ...）で答えています。

1-　**It all started with Puritans from New England who came up during the American Revolution and Huguenots who**

came from France in the eighteenth century, and who also settled in Nova Scotia.

① このItは〈状況のit〉と呼ばれるもので、話し手と聞き手の間に了解されているその場の状況、「両親の出身地ノヴァスコシアに当時集まってきた人たちの歴史」といったものを指すと考えられます。

② start with:「…で始まる」used when talking about the beginning of a situation, especially when it changes later「状況の始まりについて、特にその後変化したものについて用いる」(LDCE)

  ⓐ withの目的語は　1) Puritans ... who ... 2) and Huguenots who ..., and who ...

  ⓑ with:「…と同時に、…の直後に」(AF)

③ Púritans (from New England) who came up during the American Revolution

「アメリカ独立戦争の間にニューイングランドから移ってきた清教徒たち」　関係代名詞who（主格）は制限用法。

  ⓐ Puritan [pjúəritn]:「清教徒、ピューリタン（16-17世紀英国国教会で教義・儀式の簡素化を唱えたプロテスタントの一派）」(AF)

  ここで関連事項としてピルグリムファーザーズを調べておきます。

  the Pilgrim Fathers:「ピルグリムファーザーズ。1620年にthe Mayflower（メイフラワー号）で北アメリカに渡り、Massachusetts州Plymouthに植民地を築いた英国の清教徒たち」(AF)

  ⓑ New England:「ニューイングランド」

  ―「新イングランド」とは？―

「米国北東部のMaine, Vermont, New Hampshire, Massachusetts, Rhode Island, Connecticutの6州を指す総称で、1614年に英国人探検家John Smithが、英国のEnglandの風景に似ているところから名づけたといわれている。この地方は米国で最も古い歴史をもち、独立戦争当時は政治の中心地だった」（AF）

© the American Revolution:〖歴史〗「アメリカ独立戦争（1775-83)」（AF）

④ and Huguenots who came from France in the eighteenth century, and who also settled in Nova Scotia.

「それから18世紀にフランスからやって来て、ノヴァスコシアに移住したユグノーたち」

Húguenot:「ユグノー」（16-17世紀のフランスの（特にカルバン派の）新教徒）

2つのwho（主格）に導かれる節によって修飾されていますが、両者とも制限用法の関係代名詞です。

5- **Scots, driven out by the English, and a few Irish.**

① Scots, (who were) driven out by the English,「イングランド人によって追い出されたスコットランド人」 the Englishとは「イギリス国内のイングランド人」を指すと考えられます。

② a few Irish:「少数のアイルランド人」 Irishは複数扱い。

6 **And also people from Wales.**

「ウェールズ地方から来た人々もいた」

7- **there are a lot of little villages ... there's a different kind of people.**

ここから現在形の文になっているので注意。

9- **My father comes from ..., my mother (comes) from ...**

come from:「…の出身である」 動詞は現在形です。「出身であ

る」の表現に2通りあることを確認しましょう。どちらも現在形
で使われます。*I'm from / I come from Devon / New York*
(=born in Devon, New York etc)（LDCE）

10- **They had to leave during the Depression.**

このtheyは、両親の家族たち、つまり祖父母の代も含まれてい
ると考えてもよいかと思います。

the Depression = the Great Depression「1929-30年代の世界大
恐慌」（cf. pp.196-197 2-①）

11- **Confederation had not been all that great for the Maritime**
provinces.

① Confederation:「（カナダの）コンフェデレーション」「《1867
年英領北アメリカ法》（British North America Act）によりカ
ナダ自治領（Dominion of Canada）を形成したOntario,
Quebec, Nova Scotia, New Brunswick各州（provinces）の
連合」（Kenkyusha）

② had not beenという過去完了形に注意しましょう。

③ ここのthat[ðǽt]は副詞。[通例否定文・疑問文で]「そんなに、
それほど」の意。*The cake is not (all) that sweet.*（そのケー
キはそんなに甘くない）（AF）

not ... that great:「それほど十分に行きわたっていなかった」

④ the Máritime próvinces:「（カナダの）大西洋岸地域」（AF）
ノヴァスコシア州も含まれています。

カナダのprovinceは日本語では「州」と訳されています。ち
なみに米国のstate、英国の-shireも「州」と訳されていますね。

【原文3】VLB

VLB: Even then?

【日本語文】

VLB：当時もまだそうだったのですか？

【解 説】

コンフェデレーション（連合）が当時でもまだ十分普及していなかったことが、VLBにとって意外だったという反応です。

【原文4】Atwood

Atwood: Yes. It started with Confederation, and also with the construction of the railway. Because before that, we had major ports, in Halifax and so on, but with the railway it became possible to transport goods by train, and the ports became less important. That's the ancient history of my people. 5

【日本語文】

アトウッド：そうですよ。ノヴァスコシアから離れたのはコンフェデレーションと、それからまた、鉄道建設がきっかけだったのです。というのは、それ以前にはノヴァスコシアにはハリファックスなどの主要な港があったのですが、鉄道建設と共に物資は汽車で運ぶことができるようになり、港は重要性が減ってしまったからです。これが私の両親と祖父母の古い歴史です。

【解 説】

1- **It started with Confederation, and also with the construction of the railway.**

① Itは文脈上、両親の時代、大恐慌でノヴァスコシアを離れなければならなかった事情を指していると思われます。cf. p.184

② start with: cf. p.185 *1-*②

3 **Hálifax:** 現在ノヴァスコシア州の州都で、古くから地理上重要な港湾都市。

4 **goods:** 単数形をもたない不可算名詞「〈英〉貨物」(〈米〉freight)。同種の名詞にgroceries(食料雑貨)があります。

5 **ancient** [éinʃənt]: *usually humorous* very old「〈通例戯言的〉とても古い」(LDCE)

5- **my people:** sb's (somebody's) people: your parents, grandparents (LDCE) アトウッドが my people と呼んでいるのは、彼女の両親とそれぞれの祖父母です。

【原文5】VLB

VLB: **But when your family was in Nova Scotia, did your grandparents work for the ports?**

【日本語文】

VLB:しかし、ご両親がノヴァスコシアにおられたときに、お祖父さま方は港湾の仕事をしていらしたのですか。

【解 説】

1- **when your family was in Nova Scotia, did your grandparents work for the ports?**

① your familyはアトウッドの両親と、祖父母。アトウッドが'my people'と言ったのをVLBは'your family'という語に置き換えたものです。your grandparentsは父方と母方の祖父たち。

② ここでparentsという英語について考えましょう。parentは親（父親または母親）、grandparentも祖父または祖母です。VLBの意図したyour grandparentsは、父方の祖父と母方の祖父。祖母は港湾で働いた可能性は低いので、含まれていないと考えます。

【原文6】 Atwood

Atwood: My mother's father was a country doctor in a tiny little hamlet in the Annapolis Valley. My father's father was a very, very small farmer, what you'd call "land poor" — they had land, but that was all. So their house, in the middle of the twentieth century, was like a nineteenth-century house: no electricity, no running water, a pump, a cow. They made butter, they made everything they needed. I remember all that. So I was touched by your play where they were selling the farms, the implements ... that's the story of our time. I've lived in the country in Ontario. I've seen a lot of that.

My mother was a tomboy: she liked horses and hiking more than housework.

【日本語文】

アトウッド：母の父はアナポリス渓谷の小さな村で医師をしていました。父の父はとても小規模な農家で、いわゆる「ランド・プアー」と言ってもよい農家でした。土地は持っていたものの、それだけのこと

にすぎません。ですから、住んでいた家は20世紀半ばになっても19世紀の家のようなもので、電気も水道もなく、ポンプ1台と牛が1頭だけいました。牛乳からバターを作りました。必要な品は何でも手作りでした。私はこういうことを全部覚えています。だからあなたの戯曲に感動したのです。農地や農具を売ろうとしている人たちのことを読んで。あれは私たちの時代の話と同じなんです。オンタリオ州の田舎に住んだことがありますが、同じ状況をたくさん見てきました。

　母はおてんばで、家事より馬やハイキングが好きでした。

【解　説】

1-　**a tiny little hamlet ...**

hamlet [hǽmlit]: a very small village（LDCE）「（教会・学校のない）小さな村、小集落」（AF）　接尾辞 -let は名詞に付いて「小さな…」の意の名詞を作りますので、hamlet だけでも「小さい」のに、tiny と little で形容されています。small が客観的であるのに対して、tiny も little も感情がこもった形容詞。アトウッドの祖父に対する愛情が感じられます。

3　**what you'd call "land poor" —**

① what you'd call = what you would call

would は仮定法で "land poor" という表現の強さを抑え、ぼかしている。

慣用句として 'what's called,' 'what we [you, they] call' には「いわゆる」という意味があります。

② land poor:「土地貧乏の、生産性のない土地を抱えた」（AF）

4-　**So their house(, in the middle of the twentieth century,) was ...**

「20世紀半ばになっても、祖父母の家は…」カマとカマとの間は挿入句として、かっこに入れて前後のつながりを考えましょう。

5- **no electricity, no running water, a pump, a cow.**

「電気も水道もなく、ポンプが1台あり、牛が1頭いた」

4つの名詞が並んでいますが、後の2つにはnoの否定は及んでいません。

① running water:「流水、水道水」 流水がない場合、汲んで貯めてある水を使っていたのでしょう。

② pump [pʌ́mp]:「(井戸から水を汲み出す)ポンプ」と推測します。母音の発音に注意。

6- **They made butter,**

butterは、物質名詞のため無冠詞であることに注意。

8- **So I was touched by your play where they were selling the farms, ...**

① be touched by ... :「…に感動した」

② where they were selling ...

　ⓐ where = in your play:「あなたの書かれた戯曲のなかで」

　ⓑ この場合のtheyは「戯曲の登場人物」で、「…を売ろうとしていた」

　ⓒ were sellingは、近接未来（予定）を表す現在進行形が〈時制の一致〉で過去形になったもの。

9- **I've lived in the country in Ontario. I've seen a lot of that.**

2文とも現在完了形で経験を述べている。

Ontário:カナダ南東部の州：カナダの首都Ottawa「オタワ」がある（州都はTronto「トロント」）。

11 **tómbòy**:「おてんば娘」

【原文7】VLB

VLB: A country woman. But your father?

【日本語文】

VLB：田舎育ちの女性ですね。それでお父さまはどんな方だったのですか?

【原文8】Atwood

Atwood: My father was self-taught. He got his schooling by correspondence, and then he won a prize and went on from there.

【日本語文】

アトウッド：父は独学の人でした。通信教育を受け、そこで賞を得て、次の段階へ進みました。

【解 説】

1- **schooling by còrrespóndence**:「通信教育」＜ schooling:「学校教育」（AF）

2 **and then**: 順序を示して「その次に」

go on: continue without stopping or changing「（活動を）やめたり変えたりせず続ける」（LDCE）

【原文9】VLB

VLB: When you talk about correspondence school, are you talking about elementary school and high school?

【日本語文】

VLB：通信教育とおっしゃるのは、小学校と中学・高校課程（の通信

教育）のことですか？

【解 説】

1- **When you talk about correspondence school, are you talking about elementary school and high school?**

「'correspondence school'という表現を、いま'elementary school'と'high school'の意味で使っていらっしゃいますか？」

① Whenの節は現在形（連続的：習慣としてtalkする）であるのに対して、主節は現在進行形(一時的：現在talkという動作が進行中)という時制の違いに注意。

② 2つの節で使われているtalk aboutは、「…という表現（ことば）を使う／という意味で使う」という意味です。不思議なことに、私の知る限りこの意味は英英・英和辞書のどちらでも扱われていません。（プログレッシブにはtalk ofの項に「…という表現をする」が載っています）しかし、この意味を持つ用例は珍しいものではありません。たとえば、LDCEのUSAGE NOTE: ALONEのなかの記述にその例が見られます。

A lone or solitary person or thing is simply the only one in a place, and therefore might seem a little lonely: *a lone figure in the middle of square* (= It is the only one there). In spoken English, you are more likely to **talk about**: *a figure on its own in the middle of the square.*「〈a lone or solitary person or thing〉というときは単に〈ある場所に1人／1つだけ（人／ものが）いる／ある〉、だから少し寂しそうに見えるかもしれない」 例文：*a lone figure in the middle of the square.*「広場の真ん中に1人だけいる人物」「話しことばでは同じことを*a figure on its own in the middle of the square.*と**表現する**ことのほうが多い」 この辞書がここで伝えているこ

とは、「a lone figureの表現は（書きことばで）、話すときはa figure on its ownと表現するほうが多い」ということです。

③ correspondence school ＝ schooling by correspondence　ここでは、p.193【原文8】のアトウッドの発言の中の、schooling by correspondenceを言い換えたもの。「通信制学校」（AF）

④ eleméntary school〈米〉/ prímary school〈英〉（LDCE）

2 **high school**

日本では小・中・高の3段階の学校がありますが、英・米ではそれぞれ独自の制度があります。詳しい説明はAFのschoolの項を参照してください。ここ（カナダ）では日本の制度とはちがって、中学と高校を区別せず、両者とも high school と呼んでいると思われます。

【原文10】Atwood

Atwood: **High school.**

【日本語文】

アトウッド：中学・高校課程です。

【原文11】VLB

VLB: **He did it all by correspondence?**

【日本語文】

VLB：中学・高校課程全部を通信教育で勉強なさったのですか。

【解 説】

1 **He did it all by correspondence.**

① do: to perform the actions that are necessary in order to complete (something) 「あることを完成させるために必要な行動をする」(LDCE)

② it = High school（の課程）

【原文 12】 Atwood

Atwood: **Yes. The farm was very isolated and there was no high school in the area. During the Depression, he was so poor he lived in a tent and earned money cleaning rabbit cages for laboratories. My parents met in Normal School, where they were training to be teachers.**   *5*

【日本語文】

アトウッド：そうです。父の住んでいた農家はぽつんと離れたところにあって、そこには中学も高校もなかったのです。大恐慌の間、父はとても貧しく、テントに住み、実験室のウサギ小屋を掃除して生活費を稼いでいました。両親はノーマル・スクール（師範学校）で知り合い、ここで教員になる訓練を受けていました。

【解 説】

1 **The farm was very isolated ...**

isolated [áisəlèitid]: an isolated building, village etc is far away from any others 「isolatedな建物や村などは、ほかのものから遠く離れたところにある」(LDCE)

2- **During the Depression, he was so poor he lived ...**

① the Depréssion:the period when there was not much business activity and not many jobs in the 1930's「1930年代経済活動が低調で、就職口が多くなかった時代」(LDCE)
the Great Depression:「(1929-30年代の)世界大恐慌」(AF)
cf. p.187 *10-*

② he was so poor (that) he lived ... のように、that を補って考えましょう。「とても…だったので」

3- **rabbit cages for laboratories:** 実験用のウサギを飼育していたと思われます。

4 **My parents met in Normal School,**

① met＜meet:「2人の男女が出会う」を言うときがありますが、このmeetの特別な意味を、項目として挙げている辞書が見当たりません。しかし文例は豊富です。

Diego and Susan met on vacation and were married six month later. / I met my husband at University.

「ディエゴとスーザンは休暇中に出会い、6カ月後に結婚した」／「夫とは大学で出会いました」

上の2例はLDCEのmeetの項、'see somebody for the first time'に挙げている文例です。

② Normal School＜normal school:(米)「(特に昔の)教員養成学校」(AF)　大文字で書かれ固有名詞として使われています。カナダには国立のノーマルスクールが3か所にあって、その1つがTruro(トルゥロウ)にあります。戦前には日本でも師範学校や高等師範学校がありました。現在は大学の教育学部となっているようです。

normal school:〚《なぞり》⸺ F. école normale〛〚教育〛師範学校〈high school卒業後2年課程の学校：主にヨーロッパ大陸での呼称：英国には昔からなく、米国では19世紀半ばから

20世紀にかけて存在し、今は4年制でteachers collegeと改称〉
（Kenkyusha）

フランスではエリートを養成する国立高等師範学校École
normale supérieureが有名です。normal schoolの語源です。

5　**they were training to be teachers.**

train to be teachers:「教員になるように訓練を受ける」

過去進行形（一時的活動）が使われています。

【原文13】VLB

VLB: **Still in Nova Scotia?**

【日本語文】

VLB：まだノヴァスコシアにいらしたときのことですね。

【原文14】Atwood

Atwood: **Yes. In Truro. My father first saw my mother as she was sliding down a banister, and he said to himself, "That's the woman I want to marry."**

【日本語文】

アトウッド：そうです。トルゥロウでのことです。父が母を最初に見かけたのは彼女が階段の手すりを滑り降りていたところでした。「あの女性こそ私が結婚したい人だ」と思ったそうです。

【解　説】

2　**he said to himself,**

say to oneself:「思う。（心の中で）考える」cf. talk to oneself:
「ひとり言を言う」cf. 第1章 p.21 *3-*

2- **That's the woman (whom) I want to marry.**
　　関係代名詞の目的格whomは口語ではしばしば省かれる。さす
　　がの'tomboy'ぶりですね。それに魅かれたお父さんも当時では
　　非凡な男性だったのではないでしょうか。アトウッドも誇らしそ
　　うに語っているような気がします。

【原文15】VLB

VLB: **How old was your mother?**

【日本語文】
VLB：お母さまはおいくつでしたか。

【原文16】Atwood

Atwood: **Nineteen.**

【日本語文】
アトウッド：19歳でした。

【原文17】VLB

VLB: **Did he marry her right away?**

【日本語文】
VLB：お父さまはお母さまとすぐ結婚なさったのですか。

【原文 18】 Atwood

Atwood: No. As I said, it was during the Depression. So it took time. They didn't get engaged right away. They got married when my mother was twenty-seven, I think. My father was an impoverished student and my mother wasn't rich either. So, like a lot of people, they had to wait. They　5 spent the year after their marriage in Montréal. Because it was very cheap, they rented an apartment in the red-light district. They were so naïve that they didn't know.

【日本語文】

アトウッド：いいえ。前にも申しましたように、大恐慌の最中でしたから。結婚するには時間がかかりました。すぐには婚約しなかったのです。母がたしか27歳のときに結婚したのだと思います。父は貧乏学生だったし、母もまた豊かではありませんでした。ですから、ほかの多くの人たちと同様、結婚を待たなければなりませんでした。結婚後のその年はモントリオールで過ごしました。格安だったので、売春宿のある地域にアパートを借りました。世間知らずでそれを知らなかったのです。

【解 説】

1　**it was during the Depression.**
　このitはVLBの質問に答える形で、「母が19歳のころ」を指します。

2-　**They didn't get engaged .... They got married ...**
　get engáged; get márried / be engaged; be married
　get tired, get excited などは、いずれも過去分詞は「状態」を示

し、〈get＋過去分詞〉は「状態の移動」、「婚約／結婚していない状態」から「婚約／結婚した状態」に移ったという動的な意味です。この形式は〈be＋過去分詞〉（静的）と意味上対立し、後者は「状態の継続」を示しています。映画などで死体を発見し*"He's dead."*「死んでいる」というセリフがよく聞かれます。「結婚して50年になります」は英語では*We have been married for 50 years.*と表現できます。cf. 第4章 p.130 10-

3-　**My father was an impoverished student ...**

impóverished: very poor（LDCE）

7-　**an apartment in the red-light district.**

red-light district: an area of a town or city where there are many prostitutes (= women who have sex for money)「売春の女性たちが多くいる都市の地域」（LDCE）

8　**They were so naïve that they didn't know.**

naïve = naive [naiíːv]: not having much experience of how complicated life is so that you trust people too much and believe that good things will always happen「無経験のために世の複雑さに気づかず、そのため人を信用しすぎ、いつもよいことが起こるものだと考える」（LDCE）

【原文19】VLB

VLB: **What year was that?**

【日本語文】

VLB：何年のことでしたか。

【解 説】

thatは両親の結婚を指します。

【原文20】Atwood

Atwood: 1935. My brother was born in 1937 and I was born in 1939. Twelve years later I had a sister.

【日本語文】

アトウッド：1935年です。兄が1937年に生まれ、私は1939年に生まれました。12年後妹ができました。

【解 説】

2 **Twelve years later I had a sister.**
「12年後に妹ができました」
「妹を持った＝妹が生まれた＝妹を得た」
hadに動的（一時性）な意味 ―〈妹を持っていない状態〉から（妹が生まれた瞬間に）〈妹を持った状態〉に移動― が生じたのは、「12年後」という文脈があるからです。文脈なしにI had / have a sisterと言えば、静的（永続性）の意味を持つこともあり得ます。haveという動詞が文脈次第で〈動的〉〈静的〉の2つの機能を備えていることが分かりました。

【原文21】VLB

VLB: So, three children. What did your father do when your parents lived in Montréal? Those were hard times.

【日本語文】

VLB：それではご両親には3人のお子さんがいらしたのですね。モント
リオールにいらしたときのお父さまの職業は？ 困難な時代でしたね。

【解 説】

1 **What did your father do ...?**

What do you do (for a living)? : (*spoken*) used to ask someone
what their job is（LDCE） 現在形で、職業を尋ねるときの決
まり文句。

2 **hard times:**「（財政）困難な時代」

【原文22】Atwood

Atwood: He was a graduate student at Macdonald College, an
agricultural school. He was a forest entomologist. He specialized
in insects that eat trees. Very important for Canada.

【日本語文】

アトウッド：マクドナルド・コレッジの大学院生でした。これは農業
大学です。森林昆虫学者で、樹木を食べる昆虫を専門としていまし
た。カナダにとっては重要な専門領域です。

【解 説】

1- **a graduate student at Macdonald College, an agricultural
school.**

① a gráduate student at Macdónald College:「マクドナルド大
学の大学院生」 日本語では「の」になりますが、英語では〈at
＋学校名（College, Universityなど）〉で、前置詞at（所属）

を用います。

② Macdonald College, an àgricúltural school. は Macdonald College だけでは情報が不足だと感じ、an agricultural school と説明を追加しています。この場合、同じ名詞が並列され、両者は文法的に「同格」であると言います。

③ school: (*AmE*) a university（LDCE）　アメリカでは大学も school に含まれます。カナダも同じなのでしょう。

2　**He was a forest entomologist.**

forest entomólogist:「森林昆虫学者」　forest entomology は entomology をさらに細分化した領域です。

2-　**He spécialized in insects ...**

「昆虫を専門に研究する」

major in ... :「大学で…を専攻する」はアメリカで用いられます。major in という語との違いを AF は以下のように説明しています。「（major は）比較的大まかな分野（たとえば medicine：医学）について用いる；より細分化された専攻（たとえば dermatology：皮膚科学）には specialize を用いる」　私の経験では、英国の大学で専攻を表すとき major という語が使われるのを耳にしたことはありません。

3　**Very important for Canada.**

林業が盛んなカナダでは森林昆虫学の重要性が理解できますね。

【原文23】VLB

VLB: **And during that time, was your mother working? Or was she studying, too?**

【日本語文】

VLB：その間お母さまは仕事をなさっていらしたのですか。またはお母さまも勉強中だったのですか。

【解説】

1- **was your mother working? Or was she studying, too?**

このような文では、進行形が「一時的な活動」について使われているのが分かります。

【原文 24】 Atwood

Atwood: No. She'd had her first child. And during the Depression, only one person per family had the right to work.

【日本語文】

アトウッド：いいえ、初めての子どもが生まれたところだったのです。それに大恐慌の間は一家に1人だけしか仕事を持つ権利がなかったのですよ。

【解説】

1 **She'd had her first child.**

she'd = she had で、この had は次に続く had と過去完了形を作ります。she'd は単独の場合は she would と、助動詞 would の可能性もありますが、その場合は原形不定詞が続かなければならないので、ここでは had のほか選択の余地はありません。「初めての子を産んだところだった」の完了形の意味がよく理解できますね。アトウッドのお兄さんは1937年生まれでしたね。この have「〈人・動物が〉〈子を〉産む」も動的な意味を持っていま

す。cf. p.202【原文20】

2 **only one person per family had the right to work.**
この文はお母さんが仕事を持っていなかった理由を説明しています。familyというのはここでは夫しかいませんし、夫は大学院の学生で仕事を持っているわけではないと思います。想像するほかありませんが、大学院生として奨学金など得ていたとすれば、仕事を持っていることになるのかもしれませんね。

【原文25】VLB

VLB: They couldn't both have worked?

【日本語文】
VLB：夫婦お2人で働くことはできなかったというのですか。

【解 説】
1 **They couldn't both have worked?**
　① not bothは部分否定　「2人ではだめ（1人ならよい）」
　② couldは許可を表す法助動詞
　　　= They wouldn't both have been allowed to work?
　　　「2人そろって働くことは許されなかったのですか」
　③〈法助動詞の過去形＋完了不定詞〉は仮定法過去完了形の主
　　節の定型。if節は省略されていますが、if they had both
　　wanted to work「もし2人とも働きたくても」が言外に含ま
　　れていると考えられます。
　④ 語順が平叙文のままで疑問符を付け、疑問文になっています。
　　疑問文と同じく上昇調のイントネーションで発音します。
　　この種の疑問文は、意外な驚き、「そんなばかな」という気持

ちを言外に含みます。

【原文26】Atwood

Atwood: No, no, no. That wouldn't have been right. You're so young, Victor-Lévy, you don't remember any of that!

【日本語文】

アトウッド：ええ、もちろん、できなかったでしょうね。両親2人が働いたとしたら、正しいことではなかったのですから。当時のことをお若いあなたはどれも覚えていらっしゃらないのは無理のないことですよ、ヴィクター＝レヴィさん。

【解 説】

1　No, no, no. That wouldn't have been right.

①　No, no, no.

p.206【原文25】VLBの発言、They couldn't both have worked?の否定をアトウッドが更に強く否定しています。

②　That wouldn't have been right.

指示代名詞thatは両親が2人で働くこと。wouldn't have been rightは仮定法過去完了形の主節の定型。（もし2人が働いたとしたら）（それは規則違反なのだから）正しいことではなかったでしょう。

1-　You're so young, Victor-Lévy,

Victor-Lévy, は呼びかけ。No, no, no.と否定したので、彼の気持ちをやわらげ、若いのだから分からなくて当然という理解を示した表現として呼びかけていると考えられます。（cf. 第1章 p.8 【参考（4）】）

【原文27】VLB

VLB: Hey, I'm not that young!

【日本語文】

VLB：いやぁ、それほど若くはありませんよ。

【解　説】

1　**Hey, I'm not that young!**

　　2人の年齢差は6歳（アトウッドは1939年生まれ、VLBは1945年生まれ）。「若い」と言われたことにVLBはいらだちを感じています。

　　① hey: a shout used to get someone's attention or to express surprise, interest, or annoyance「驚き、関心、いらだちを示すために相手の注意を引く目的で使われる叫び」（LDCE）この例のうち、定義にある（3種の名詞のうち）annoyance「いらだち」を表すと考えられます。

　　② that: 副詞〈口語的〉〔通例否定文・疑問文で〕「そんなに、それほど」cf. p.187 *11*-③

【原文28】Atwood

Atwood: The Depression and the war were very hard times from a material point of view.

【日本語文】

アトウッド：大恐慌と第二次世界大戦は物質的な面から見るととても困難な時代でした。

【解 説】

1- **... the war were very hard times from a material point of view.**

① the war:「第二次世界大戦」(1939-45 カナダも連合国側で参加)

② from a material point of view:「物質的立場から見ると」

material *adj.*: connected with people's money, possessions, living conditions etc. rather than the needs of their minds and soul「〈形〉人々の精神面で必要とされるものより、金銭、所有物、日常生活状況などに関するもの」(LDCE)「物質的な」具体例を示している点でこの定義は大変有用です。まさにここで問題となっている「就職に制限が設けられている状況」が「物質面における」hard times の一例です。material/minds and soul の意味的対立があることに注目しましょう。

【原文29】VLB

VLB: Yes. Some Québec authors have written about that. Like Roger Viau in *Au milieu, la montagne* [In the middle, the mountain], which describes the whole world of the Depression —the poverty, the people who didn't have glass in their windows and who put in cardboard instead, who would steal 5 dead branches from Lafontaine Park to make a fire. Of course, I didn't experience those hard times, because I wasn't born yet, but in French-Canadian Literature, there's a lot about them.

【日本語文】

VLB:分かります。ケベックの作家にもそのことを書いている人がい

ます。ロジャー・ヴィオのような作家は『山中にて』の中で、大恐慌のあらゆる世相を描いていますよ。貧困生活、たとえば、家の窓にガラスがなくて代わりにボール紙を貼った人たち、火を熾すのにラフォンテーヌ公園から枯れ枝を盗んでいた人たちのことです。もちろん私はこの困難な時代を経験していません。まだ生まれる以前のことでしたから。でもフランス系カナダ文学にはこの時代を扱っているものがたくさんあります。

【解説】

1 **... have written about that.**

現在完了形　「現在までに書かれている」（その結果読むことができる）

この that は、指示代名詞で「大恐慌と戦争がもたらした影響」を指します。

2- ***Au milieu, la montagne*** **[In the middle, the mountain], which describes ...**

① *Au milieu, la montagne*: フランス語のタイトル、[In the middle, the mountain] はその英語訳。ケベック人、つまりフランス系カナダ人ですから、フランス語の著作でしょう。

② カマのあとの which は関係代名詞の非制限用法。

4- **the people who didn't have glass in their windows and who put in cardboard instead, who would steal ...**

4～5行目にかけて who（主格）が3回使われています。初めの2回（同じ人々）は制限用法、3回目（前の who とは異なる人々）は非制限用法です。

5- **, who would steal dead branches ... to make a fire.**

① who: 非制限用法。前の2つの who と区別しています。

② would は、〈過去の習慣的な行為〉。

③ dead branches:「枯れ枝」 燃料不足のため、公園に落ちていた枯れ枝を拾ったのでしょう。公園の枯れ枝を私物化したのをstealと表現しています。

④ make a fire:「火を熾す」

8- **there's a lot about them.**

① there's a lot of works written about them. インフォーマルな文体ではThere's（=There is）のあとに複数形の名詞が続く場合が多くみられます。*There's some people in the waiting room.*（Quirk 18:46, p.1405）

② them = hard times

【原文30】Atwood

Atwood: A lot of things were rationed. You had a little card and you would mark each week that you'd received your little piece of cheese. My mother had an envelope. Every week, she would put in a certain amount of money, and that was all for the week. I think she'd put in five dollars. Of course, a dollar   5
bought a lot more than it does today, but still, it wasn't much.

【日本語文】

アトウッド：多くの品が配給されていました。小さなカードがあって、割り当ての小片のチーズを受け取ったことを毎週そのカードに記録していました。母は封筒を用意していました。毎週ある額のお金を入れておき、それがその週に使う全額でした。確か5ドル入れていたと思います。もちろん当時は1ドルの価値は今より高かったのですけれど、それにしても、大した金額ではありませんでした。

【解 説】

1　**ration** [ræʃn]: control the supply of something such as food or petrol by allowing people to have only a fixed amount of it
「一定の量しか人々に与えないで食べ物やガソリンなどの供給を統制する」(LDCE)「配給する」

1-　**You had a little card and you would mark each week that you'd received your little piece of cheese.**

　① you: 総称用法「(一般的に) 人は」

　② would:〈過去の習慣的な行為〉cf. 第4章 pp.103-104 *3-*④, 第5章 p.169 *13-*①

　③ mark each week that ... :「週ごとに that 以下であることの印を付ける」

　④ you'd received = you had received

　⑤ your:「人々の (人々に配給される) 分の」a little piece of cheese の a に代わる your です。

3-　**she would put in a certain amount of money, ...**

　「いくらかのお金を (封筒の中に) 入れておくのが習慣だった」

4-　**that was all for the week.**

　「それが1週間分として使うお金の総額でした」
　指示代名詞 that は a certain amount of money を指します。

5　**she'd put in five dollars.**

　she'd = she would〈過去の習慣〉

5-　**a dollar bought a lot more than it does today,**

　比較級の作文例としてお手本になる文ですね。
　「当時の1ドルでは現在よりずっと多くのものが買えた (当時の1ドルは現在の1ドルより価値が高かった)」

　① buy: If a sum of money buy something, that is what you can get with it「ある金額であるものを買うということは、そ

212

の金額でそれを得ることができるということ」 *A dollar doesn't buy much these days.*「この頃は1ドル払っても大したものは買えない」(LDCE)

② a lot more = much more:「もっと多くの(値打ちのある)もの」
a lotはmuchと同様、比較級moreを強めます。

③ it does = a dollar buys
doesは代動詞。先行する動詞buyの反復を避けるために用いられている。過去の金銭価値(bought)を現在の(today)価値(buys = does)と比べています。cf. 第3章 p.81 4 ①

【第6章の終わりに】

　カナダの人たちも大恐慌や戦争によって困難な時代を生き抜いてきたことを学ぶことができました。読者の方も同じように感じられたのではないでしょうか。

　10年ほど前、アメリカの名門大学のフランス系アメリカ人の教授が隣家に一時住んでいて交流がありました。教授は私とほとんど同じ年齢でしたが、お互いの貧困時代を比べ合って大いに共感し、ぐっと親近感が増したことを思い出しました。親が移民としてアメリカに移ってきた人たちも決して貧困と無縁ではなかったことを知りました。

第7章

大西洋を往復した書簡から

Helene Hanff
84, Charing Cross Road

ヘリーン・ハンフ
『チャリング・クロス街84番地』より

【 著者と引用作品について 】

　1970年に出版されたこの作品は、アメリカの女性作家、ヘリーン・ハンフ（Helene Hanff, 1916-1997）によるもので、巻頭には、F. P. D.を追悼して、'F. P. D. In Memoriam'とあり、フランク・ドエル（Frank P. Doel）に捧げられています。

　著者のヘリーン・ハンフは1916年フィラデルフィアに生まれ、1997年にニューヨーク市で80年の生涯を閉じています。この作品で彼女は一躍有名になりました。ロンドンのチャリング・クロス通り84番地には

> 84 CHARING CROSS ROAD
> THE BOOKSELLERS MARKS & CO.
> WERE ON THIS SITE WHICH BECAME
> WORLD RENOWNED
> THROUGH THE BOOK BY HELENE HANFF

という標識が取り付けられているそうです。

　作品はニューヨークに住む作家本人、ヘリーン・ハンフとイギリスはロンドンの古書店マークス社を代表するフランク・ドエルとの20年間にわたる大西洋を越えた往復書簡で構成されています。アメリカ英語とイギリス英語を並べて紹介できるという点でも興味深い章になると思います。この書簡集は完全なノンフィクションなのでしょうか。いずれにしろ訪ねてみたくなるような古書店ですね。

　ヘリーンは、いわゆる英国びいき（Anglophile）で、英文学と古書の愛好家です。英文学に関心のある読者にとってはぞくぞくさせられるような書名が次々に登場し、英文学史の復習にも役立つかもしれません。

　同じタイトルで、1987年アン・バンクロフトとアンソニー・ホプキンズ主演、英国の名舞台女優ジュディ・デンチも出演した映画も製作されています。邦訳には江藤淳訳『チャリング・クロス街84番地』（中公文庫、1984）があります。私の持っている原著はAvon Booksのペーパーバック版ですが、表紙に「サタデーレビュー」「ウォールストリート・ジャーナル」「サンフランシスコ・エグザミナー」「ニューヨークタイムズ」各紙誌の批評のサワリが広告の形で載っています。本当に魅力的で感動的な書簡集ですし、映画も印象深く心に残るものでした。この機会に、読者の方が1人でも多くこの作品や映画に触れてくださるよう、お勧めします。

　ここまで書いたところで、上記米国の有力新聞・雑誌の短評4編を直接教材にすることを思いつきました。読者の皆さんもこの種の英文を目にする機会は少ないと思います。挑戦してみましょう。
　スペースの制約上、簡潔を求められる新聞の文体の特徴に注目してください。最少の字数で、内容を効果的に伝えています。

［書評1］

The delightful bestselling chronicle of a 20-year transatlantic love-affair-by-mail. A gorgeous little book about books that will charm you out of your bookstacks ... It's a gem—and don't miss it. *Saturday Review*

【日本語文】

20年間にわたる大西洋を往復した郵便による恋愛の、とても愉しいベストセラー作品の記録。その魅力のあまり、読者をきっと書架から遠ざけてしまう、書物たちをめぐる豪華な小冊本…珠玉の作品。お見逃しなく。——サタデーレビュー誌

【解 説】

1- **The delightful bestselling chronicle of a 20-year transatlantic love-affair-by-mail.**

(a) the delightful bestselling chronicleと(b) a 20-year transatlantic love-affair-by-mailの2つの名詞句の関係は(a) of (b)の構造。

殊にコンパクトを生命とする新聞英語では、theやaなどの冠詞が大変重要な目印になります。冠詞が出てきたら、まずどの語（名詞）に付いている冠詞なのか見極めてください。the chronicle, a love-affair-by-mailですね。冠詞と名詞とその間にある語はすべて1個のカプセル（名詞句）に封入されていると考えてみます。つまり、(a) the (delightful) bestselling chronicle〈the 形 形＋名詞〉では、4語を包む1個のカプセルであり、(b) a (20-year) transatlantic love-affair-by-mail〈a 形 形＋名詞〉でも4語（ハイフンでつながれた語は1語として数えます）入りのカプセルです。英語の文は左から右へ、時には長々と続きますが、カプセルに入れることで全体の構造が単純化されて見えやすくなります。

次の段階として、カプセル内の語の相互関係に着目してください。(b) 20とyearの2語は、ハイフンで結ばれていて1個の形容詞相当語の資格を得ています。ここで注意したいのは20-yearと単位を示す名詞が複数形になっていないことです。類例：*a four-year old boy*「4歳の男児」 *10 two-hour lessons*「10回の2時間授業」 それにしてもスペース節約のためにlove-affair-by-mailと強引に4語から成る名詞を造った離れ業にはびっくりしますね。冠詞から始まるカプセル封入が、文の構造を正確に理解する上で有効なテクニックだと感じていただけましたか。

カプセル（名詞句）についてはpp.224-226【参考 (3)】として整理しました。

2- **A gorgeous little book about books that will charm you out of your bookstacks ....**

① カプセルはa (gorgeous) little book。gorgeousは、little bookを修飾します。〈a 形 形＋名詞〉

② gorgeous: extremely pleasant or enjoyable「とても楽しい、すばらしい」(LDCE)

③ a little book: littleは「ページ数が少ない」の意と解釈します。（大冊に対して）小冊。私が持っているペーパーバックは総ページ数97ページです。

④ that will charm you out of your bookstacksは「（この本を読めば）魔法がかかって、ほかの本を求めて書架に行く必要がなくなる」という意味に解釈します。また、評者の心の中に 'He can charm the birds out of the trees.'「彼にはすごい魅力がある」（英和活用大辞典）という諺が浮かんでいたのかもしれません。

⑤ that以下は制限用法の関係代名詞に導かれる形容詞節で、(a) 直前のbooksを修飾するか、(b) その前のa (gorgeous) little book を修飾するかを考えてみましょう。

(a) booksはa bookの複数形で、定冠詞が付いていないことに注意。「不定の、さまざまな本」の意味です。willは法助動詞で「きっと〜になるだろう」という話し手の判断を表し、「読

219

者がきっとその魅力に取りつかれて書架から引き離されてしまう（と私が思う）さまざまな本」となります。

(b)「読者がきっとその魅力に取りつかれて書架から引き離されてしまう1冊の豪華な小さな本、そして、この本を通じてきっとさまざまな本に出会えると思います」

どちらの場合も、結局「この本1冊を読めば、たくさんの面白い本が見つかって、書架へ探しに行く面倒が省けること請け合いです」という意味になりますが、差異を求めるとすれば、(b)のほうがこの本を推薦する力がより強く感じられます。

［書評2］

A real-life love story ... A timeless period piece. Do read it.
Wall Street Journal

【日本語文】

実話恋愛物語。不朽の時代物。必読。
──ウォールストリート・ジャーナル紙

【解 説】

1　**A real-life love story ... A timeless period piece.**

　　① カプセル内の修飾関係を分析するならば、a (real-life) love story; a (timeless) period pieceとなるでしょうか。〈a 形 名＋名詞〉;〈a 形 名＋名詞〉

　　② real-life:「虚構（フィクション）ではない」「現実に基づいた」

　　③ timeless: remaining beautiful, attractive, etc. and not becoming old-fashioned「美しさや魅力を失わず、時代遅れ

220

にならない」（LDCE）「不朽の」（AF）

④ period piece:「（小説・画・家具・音楽などの）時代物」《過去のある時代を題材にした作品、またその時代の特徴を示す作品》（Kenkyusha）

往復書簡は1949年から1969年までのもので、出版は1970年ですが、「時代物」と評者が銘打ったのは、第二次世界大戦後の混乱からまだ回復していない特定の時期の英国が描かれているからでしょうか。timeless period pieceとは一見自己矛盾に感じられますが、「時代物ではありながら、時代に支配されない、時代遅れにならない」と最大級の賛辞が贈られています。

【参考（1）: period】

periodに関しては私の持っている *Time Out Film Guide,* 1998の付録のContentsにFilm Categoriesとして'Period'という項目があり、黒澤明の「乱」、溝口健二の「山椒大夫」などのタイトルが記載されています。また、音楽界で古楽器演奏に使われる「ピリオド楽器」（できる限り作曲当時の楽器を再現したもの）では、「ピリオド」はすでに日本語として定着しているようです。これも私が所蔵するJohn Anthony: *Discovering Period Gardens* というタイトルの、英国で出版されたペーパーバックのなかではMedieval（中世）、Tudor（1485-1603）、Stuart（1371-1714）、Georgian（1714-1830）、Victorian（1837-1901）などに分け、各時代（period）のそれぞれの庭園の特徴を記述しています。これら時代の特徴を備えた庭をperiod gardenと呼んでいることが分かります。

1　**Do read it.**

これは、Read it.という命令文が強調された形。doは述語動詞

（read）を強調して、「本当に、ぜひ」の意味を持ちますから、
常に強勢を置いて [dúː] と発音すること。

［書評3］

A unique, throat-lumping, side-splitting treasure ... Very
touching and personal. *San Francisco Examiner*

【日本語文】

ユニークで、胸が詰まり、抱腹絶倒の名品…。深く心を打ち、人間
間に通う温かさがある。──サンフランシスコ・エグザミナー紙

【解　説】

1　A unique, throat-lumping, side-splitting treasure ...
　　① カプセルはa ... treasure。その間に3つの形容詞が入って
　　　　treasureを修飾しています。〈a 形, 形, 形＋名詞〉
　　② side-splitting:「腹の皮がよじれるほどおかしい」（AF）　side
　　　　は「わき腹」、splitは「裂ける」「割れる」
　　　　a splitting headache「頭が割れるような頭痛」

1-　**Very touching and personal.**
　　不要な語は省略し、形容詞を重ねています。
　　「（ここでは顧客・書店員間のビジネス関係ではなく）人間対人
　　間の間に通う温かい心の交流を感じ、心打たれる」の意。
　　カプセル内の〈形＋名詞〉（形容詞の限定用法）に対してこの2
　　つの形容詞〈動詞＋形〉は形容詞の叙述用法と呼ばれます。cf.
　　p.231【参考 (4)】

［書評4］

**A charmer. Will beguile an hour of your time and put you in
tune with mankind.** *The New York Times*

【日本語文】

魔力を持つ作品。1時間も読むうちに、魔法にかかり、人間というも
のに共感させられてしまう。──ニューヨークタイムズ紙

【解　説】

1　**A charmer. Will beguile an hour of your time**

① a charmer ＜ charm（v）＋ -er（接尾辞）　-er は動詞に付いて「…
する人（物）」の意味の名詞を作ります。「（人を）魅するもの」
a cooker「炊飯器」「（なべ、かまなど）調理器具」　*a pencil
sharpener*「鉛筆削り」　名詞の charm には「護符」「お守り」
の意味もあります。

［書評1］「サタデーレビュー誌」にも books that will charm
you ... と charm が使われていることに注目しましょう。

② (This book) will beguile an hour of your time
主語はスペース節約のため省略。

「（この本を読めば）読者は自分の1時間を楽しく過ごすにち
がいない」（1時間があっという間に過ぎる）

will: 話者（ここでは評者）の推測を表す。「きっと…だろう」

beguile: *literary* do something that make the time pass,
especially in an enjoyable way「〈文語〉特に楽しく時間が過
ぎるようなことをする」（LDCE）

223

1- **and put you in tune with mankind.**

「素直に人間を肯定し、協調的な気分にさせられてしまう」「"人類皆同じ"という共感を持つようにさせる」

SVOCの構文　cf. 第3章 pp.80-81【参考 (2)】

put you in tune with + 人

① put:「…を（ある状態に）する、至らせる」

② you:「読者を」

③ in tune with:「と調和して」「を理解して」

be in tune with / out of tune with: to be able or unable to realize, understand, or agree with what someone else thinks or wants「ほかの人の考えや欲求に気づき、理解し、共感することができる／できない」（LDCE）　cf. tune in:「（ラジオ・テレビの受信機）の波長を合わせる」

beが「状態」（静的）を示すのに対して、putは「…をある状態へと動かす」（動的）。

【 **参考 (2)：新聞・雑誌の文体** 】

　以上、有力新聞・雑誌の短評を4例紹介しました。スペース節約のため慎重にことばが選ばれ、ハイフンによって4語が1語に造語さえされていることに気づいたと思います。また、異なった評者（サタデーレビュー誌［書評1］とニューヨークタイムズ紙［書評4］の）2人が、同じ単語（charm）を使っていることにも、興味を引かれます。

【 **参考 (3)：カプセル（名詞句）の中身** 】

　ここで［書評1〜3］までに使われたカプセル（名詞句）の中身を検討してみます。

① The delightful bestselling chronicle［書評1］

the 形 形＋名詞

② a 20-year transatlantic love-affair-by-mail［書評1］

　　a 形 形＋名詞

③ A gorgeous little book［書評1］

　　a 形 形＋名詞

④ A real-life love story［書評2］

　　a 形 名＋名詞

⑤ A timeless period piece［書評2］

　　a 形 名＋名詞

⑥ A unique, throat-lumping, side-splitting treasure［書評3］

　　a 形, 形, 形＋名詞

　　④⑤で名＋名詞の連なりがありますが、これは名詞の修飾語として働いていることを示しています。類例に*a car factory*自動車工場／*a war film*戦争映画／*a tea cup*紅茶茶碗　第5章冒頭 p.140 にも a Surrey churchyard がありました。これ以外は2つ以上の形容詞間の問題に移ります。形容詞が1つしか使われていない④⑤は除外し、第5章から名詞句⑦-⑩を4例加えました。

⑦ a grey, damp afternoon (p.141)

　　a 形, 形＋名詞

⑧ a very true and kindly friend (p.144)

　　a（副）形 and 形＋名詞

⑨ a large, genial grey head (p.151)

　　a 形, 形 形＋名詞

⑩ the true rapturous note (p.154)

　　the 形 形＋名詞

①-③　⑥　⑦-⑩の8例の名詞句の中で、2つ以上の形容詞間に

A）カマがある例：　⑥⑦⑨　　　　割合 3/8

B）and がある例：　⑧　　　　　　　　1/8

Ｃ）どちらもない例：①-③　⑩　　　　4/8

　以上３つの型が認められました。それぞれの型にSWANの記述を当てはめてみます。スペース節約のため、原文の引用は省略し、8例に関わる要点をまとめました。

Ａ）SWAN（455.2）

　　(a) 類似の情報を与える形容詞：

　　　　⑦ a grey, damp afternoon

　　(b) あるものの異なる部分（側面）に言及する形容詞：

　　　　⑥ A unique, throat-lumping, side-splitting treasure

　　　　⑨ a large, genial grey head

Ｂ）SWAN（51.3）

　　形容詞が好ましい記述を積み重ねる場合：

　　⑧ a very true and kindly friend

Ｃ）(a) SWAN（51.3）

　　　　名詞の前に置かれる形容詞間では、普通 *and* は使わない。

　　　　例外（i）形容詞が同一物の異なる部分に言及するとき：

　　　　　　red *and* yellow socks

　　　　　（ii）あるものが２つ以上の違ったクラスに属していることを述べるとき：

　　　　　　a social *and* political problem

　　(b) SWAN（455.2）

　　　　カマは異なった種類の情報を与える形容詞間では普通使われない。

　　（a）(b)に①-③　⑩が当てはまります。

さて、本文に戻ります。

この本の内容はヘリーンと古書店の担当者FPD（フランク・ドエ

ル）との書簡が主なものですが、ほかの古書店員たち、フランクの
妻、娘、そのほかの書簡、ヘリーンの友人でロンドン滞在中のアメ
リカ人女性の手紙も含まれています。このことが場面や主人公たち
を立体的に描き出すことに貢献しています。どの手紙を読んでも大
変興味深いので、スペースの制約上4通のみを選ばなくてはならない
ことは私にとって非常に困難な作業でした。読者の皆さんが原著か
訳書でほかの手紙も読んでくださることを信じて、肩の荷を軽減さ
せることにします。原著に通し番号を振ってみると、82通の書簡から
成っていることが分かりました。まず最初のヘリーンの古書店宛の手
紙から始めます。

［書簡1］

ヘリーンからマークス社宛

14 East 95th St.
New York City
October 5, 1949

Marks & Co.
84, Charing Cross Road
London, W.C. 2
England

Gentlemen:

Your ad in the <u>Saturday Review of Literature</u> says that
you specialize in out-of-print books. The phrase "antiquarian
booksellers" scares me somewhat, as I equate "antique" with

expensive. I am a poor writer with an antiquarian taste in books and all the things I want are impossible to get over here   5
except in very expensive rare editions, or in Barnes & Noble's grimy, marked-up schoolboy copies.

I enclose a list of my most pressing problems. If you have clean secondhand copies of any of the books on the list, for no more than $5.00 each, will you consider this a purchase order   10
and send them to me?

Very truly yours,
Helene Hanff
(Miss) Helene Hanff

【日本語文】

ニューヨーク市
東95丁目14番地
1949年10月5日

イングランド
ロンドンW.C. 2
チャリング・クロス街84番地
マークス社御中

拝啓
　「サタデーレビュー誌」の広告によりますと、貴店は絶版本を専門に扱っておられる由。「アンティーク書店」という文句にはいささか怯みました。「アンティーク」とは「高価な」と同じ意味だと解釈するからです。私は古本好みの貧しい作家ですが、欲しい本はどれも

こちらでは手に入りません。手に入るものといえば、大変高価な稀覯本か、バーンズ・アンド・ノーブル社版の手垢のついた、中学生の書き込みのある古本ぐらいのものです。

　現在至急に欲しい本のリストを同封いたします。これらのうち清潔な古本の在庫があればどれでも、各冊5ドル以下であれば、この手紙を注文書とみなして、送っていただけますでしょうか。

敬具

ヘリーン・ハンフ（ミス）

【解 説】

［書簡1］を例にして、英語の手紙の形式を簡単に説明しておきます。

① 便箋右上に発信者の住所と日付

② 左に宛名と住所

③ 書き出しの呼びかけ

④ 本文

⑤ 結びの句

⑥ 署名

---

① 発信者の住所

日付

② 宛名と住所

③ 書き出しの呼びかけ（Heleneの手紙ではGentlemen:）

④ 本文

⑤ 結びの句（Heleneの手紙ではVery truly yours,）

⑥ 署名

---

① 住所は小さな区分から大きな区分へ（番地―町名―市名）。

日付は月―日―年〈米〉、日―月―年〈英〉。

② W(est). C(entral). 2 はロンドンの郵便区。

③ Gentlemen: は、コロンは主に〈米〉、カマが〈英〉と考えます。
ほかに Dear Sirs, の可能性が考えられます。

⑤ Yours truly, という言い方もあって、yours が前に来るのが英国
式、後に来るのが米国式とされています。LDCE では 'Dear Sir'
または 'Dear Madam' で始めた手紙では 'Yours faithfully / truly'
で終わり（フォーマル）、'Dear Mr Graves,' 'Dear Miss Hope' な
ど、あて名から始めた手紙では 'Sincerely / Yours sincerely' で結
ぶ（レス・フォーマル）と説明しています。SWAN（317.12）は
〈米〉では Yours faithfully は用いられないと書いています。

⑥ 署名は、手で書く筆記体のものと、その下にそれを明確にするた
めの活字体の2通りを記します。

（Miss）は相手からの返信用に自分への呼びかけを予想して提示
しています。現在では Ms［miz］が多く用いられています。

これは1949年に書かれた本を注文する手紙。現在ではネットを
使って本を注文しますね。この手紙にすでにヘリーンの飾らない率
直な性格が表れています。

1- **Your ad in the Saturday Review of Literature says that you
specialize in out-of-print books.**

① ad [ǽd]: *informal* an advertisement「〈インフォーマル〉広告」
（LDCE）

② Saturday Review of Literature は、*Saturday Review*（cf. p.217
［書評1］）の前身なので、ここでは「サタデーレビュー誌」と
訳しておきました。

この雑誌名に下線が施されているのは、ヘリーンは手紙をすべてタイプライターで書いていますが、タイプライターにはイタリック体を印字する機能がなく、紙誌名や書名を示すために下線を用いたからです。

③ specialize in ... で、「〈店などが〉（…を）専門に扱う」「〈人が〉専攻する」 cf. 第6章 p.204 2-

④ out-of-print books:「絶版本」

2- **"antiquarian booksellers" ... as I equate "antique" with ...**

ヘリーンはこのantiquarianという広告から引用した、ものものしい語をantique [æntíːk]:「骨董品」と言い換えています。

① antiquarian [æ̀ntikwέəriən]: [only before noun] an antiquarian bookshop sells old books（LDCE）[only before noun]は、antiquarianという形容詞は、名詞の前にしか使われない（限定用法）という意味です。cf. 下記【参考（4）】

【**参考（4）：形容詞の2用法**】

　形容詞は、㋑限定用法（名詞の前に使われるもの）と㋠叙述用法（補語になるもの）とに大別できます。限定用法しか持たない形容詞（atomic, outdoor）もいくつかあり、叙述用法しか持たないもの（asleep, afraid）、両方使えるが、下記のように意味に違いが生じるもの（present）もあります。

　㋑ the present members (= those who are members now)「現在の」会員

　㋠ the members present (= those who are/were at the meeting)「出席している」会員

　pp.224-226【参考（3）】で限定用法（形＋名）に言及しています。形容詞間にandやカマを入れるか、何も入れないかの問題にも、限定／叙述用法に差が生じます。

---

② equate [ikwéit]: equate "antique" with expensive.

equate A with B:「AをBと同じもの（等しい）とみなす」

the equator（赤道）「（昼と夜とを）等しくするものが原義」(AF)や日本語にもなっているイコール *equal* [íːkwəl] *sign*「等号（＝）」も覚えておきましょう。

5 **all the things I want are impossible to get over here**

① all the things I want = all the things that I want

thatは関係代名詞の目的格でしばしば省略される。

② over here

over here/there: the country etc where one is/is not at the moment of speaking (irrespective of one's own nationality), esp one separated by sea, a channel etc from another,eg Britain vis a vis the US, Eire, France「〔国籍を問わず〕人が現在話している瞬間にいる／いない国など、特に海、海峡などによって隔てられている国、たとえば英国とアメリカ、アイルランド共和国、フランスなど」(ODCIE Vol. 2) 説明が分かりにくいのですが、ヘリーンの言うover hereとは、「（文通相手の英国を意識して）こちら（アメリカ）では」の意。

6 **in very expensive rare editions,**

「大変高価な稀覯本で」

in ~ editions:「～版で」

very expensiveはrare editionsを修飾。〈(副) 形 形＋名詞（複）〉

6- **in Barnes & Noble's grimy, marked-up schoolboy copies.**

① in ~ copies:「～版で」(cf. pp.233-234 9 ②)

② Barnes & Noble's:「バーンズ・アンド・ノーブル〈社〉（～, Inc.）（米国の出版社、書店チェーン：略B&N）」（リーダーズ）所有格として「B&N社が出版した」copiesを修飾。

③ grimy, marked-up（形, 形）はschoolboy copies（名＋名詞）

を修飾。

ⓐ grimy [gráimi]:「(すす、あかなどで) 汚れた」(AF)

ⓑ marked-up＜mark up: to make a lot of usually dirty marks「通例汚い印をたくさん付ける」*My floor is all marked up with their muddy boots!*「私の部屋の床はかれらの泥靴のあとだらけだ!」(LDPV)

④ in ~ schoolboy copies:「小・中学生の本で」

schoolboy:「(小・中学校の) 男子生徒」(AF) 男子に特定されず、schoolgirlを含んだ従来の用法ですが、現在ではsexist (性差別的) として避けられています。名詞句の構成は〈(固有) 名詞 (所有格) 形, 形 名＋名詞〉

8 I enclose a list of my most pressing problems.

① I enclose ... は「…を同封します」の意味。(未来形 I will ... や、進行形 I am enclosing ではなく) 現在形が使われていますが、進行形も可能です。

② most pressing: 最上級

③ problems:「解決したい課題」つまり、ここでは手に入れたいと思っている書物を指しています。

9 clean secondhand copies of any of the books on the list,

〈形 形＋名詞〉

① clean:「手垢がついたり、書き込みなどのない」

② secondhand copies (「古本」) of any of the books (「本」) on the list,

「リストに載せた本 (books) のうちどの古本 (copies) でも (在庫があれば)」で分かるように日本語ではどちらも「本」になり、copyの適訳語はありません。ここで日本の学習者にはcopyは問題のある語であることが分かります。しかし、私の手元にある英和辞典でこの問題を扱っているものは見つかりませ

んでした。参考になるのはCOBUILDのcopyの定義です。

copy: A copy of book, newspaper or record is one of the many identical ones that have been printed or produced
「本、新聞またはレコードのa copyは、同時に印刷または製作された多数の同一のもののなかの1つである」

日本語では「コピー」というと主に「複写」を意味し、「本」の意味で使いませんね。英語では「copy」は日本語の「本」の意味でも使われるときがあることを覚えておきましょう。英語のbookとcopyの意味の違いを、pp.227-228［書簡1］のなかの文から確認してください。booksは2, 5, 9行目、copiesは7, 9行目にあります。

9- **for no more than $5.00 each, will you consider this a purchase order ...?**

① for:「…と交換に」

② no more than ～ eachは「それぞれ、～より多くはない、つまり、～以下」

③ will you consider this a purchase order ...?

    ⓐ will（法助動詞）＋ you ...?「依頼」を示す。

    ⓑ consider (V) this (O) a purchase order (C)
      「これ（この手紙）を（購入）注文書と考える（みなす）」

    ⓒ purchase [pə́ːrtʃəs]:「購入」
      a purchase orderも名詞が次の名詞を修飾する例です。

[書簡2]

マークス社店員FPD（フランク・ドエル）からヘリーン宛

Marks & Co., Booksellers
84, Charing Cross Road
London, W.C. 2

25th October,1949

Miss Helene Hanff
14 East 95th Street
New York 28, New York
U. S. A.

Dear Madam,

In replying to your letter of October 5th, we have managed to clear up two thirds of your problem. The three Hazlitt essays you want are contained in the Nonesuch Press edition of his <u>Selected Essays</u> and the Stevenson is found in <u>Virginibus Puerisque</u>. We are sending nice copies of both these by Book Post and we trust they will arrive safely in due course and that you will be pleased with them. Our invoice is enclosed with the books.

    5

The Leigh Hunt essays are not going to be so easy but we will see if we can find an attractive volume with them all in. We haven't the Latin Bible you describe but we have a Latin New Testament, also a Greek New Testament, ordinary

    10

modern editions in cloth binding. Would you like these?

Yours faithfully,
FPD
For Marks & Co.

【日本語文】

拝啓

　10月5日付お手紙の返信でございます。あなた様のご注文の3分の2をどうにか揃えることができました。ご希望のハズリットの3編の随筆はナンサッチ版『ハズリット随筆選集』に収録されておりますし、スティーヴンソンの作品は『若い人たちのために』に入っております。どちらもきれいな2冊を書籍郵便でご送付いたします。まもなく安着し、きっとお気に召すことと信じております。送り状は書籍に同封させていただきました。

　リー・ハントの随筆のほうはもう少し時間がかかると思いますが、ご希望の全作品が収録されている美しい本が入手できるよう努力いたします。ご指定のようなラテン語聖書は在庫がございませんが、クロス装丁並製現代版の「ラテン語新約聖書」と「ギリシャ語新約聖書」は在庫がございます。お送りいたしましょうか。

敬具
FPD
マークス社内

【解　説】

　この返信の便箋には書店の名前、住所がレターヘッドとして、中央に置かれています。本文はタイプで印字され、本のタイトルには下線が施されています。

Dear Madam, : 女性の顧客に対する呼びかけ

1 **In replying to your letter of October 5th,**

in replying to ... :「…への返事として」

ビジネスレターに使われる定型表現。この種の手紙では必ず日付を引用するので、注文の手紙には日付が必要です。

1- **we have managed to clear up two thirds of your problem.**

① mánage: to succeed in doing something difficult, especially after trying very hard「特に努力した結果、難しいことに成功する」 manage to do sth *Jenny managed to pass her driving test on the fifth attempt.*「ジェニーは5度目にやっと運転免許試験に合格できた」(LDCE)

we have managed: 現在完了形

② clear up ... of your problem:「(問題・事件を)解決する」

③ two-thirds:「3分の2」 分数の表し方。分母は序数、分子は基数で示し、分子が複数の場合は分母に複数形の -s を付けます。

④ problem ヘリーンの手紙の中で使われていたmy most pressing problemsの‘problem’が返信の中で引き継いで使われています。ヘリーンの手紙では具体的な、リストに挙げた「本」を意味しているので複数形でしたが、FPDは、それをひとまとめにして「3分の2」と「量」でとらえているので単数形になっています。

2- **The three Hazlitt essays ...**

ウィリアム・ハズリット(William Hazlitt, 1778-1830)英国の批評家、随筆家。主著は*Characters of Shakespeare's Plays*(1817)、*Table Talk*(1821)。

4- **the Stevenson is found in *Virginibus Puerisque*.**

① the Stevenson: スティーヴンソンは、すでに第2章でおなじみの詩人、作家。前にtheが付いているのは「あなたが注文なさっ

た特定の作品」を指しているからです。

② Virginibus Puerisque: virginibus puerisque「少年少女のために［ための］［L = for boys and girls］」L = Latin ラテン語（リーダーズ）

邦訳には、橋口稔訳『若い人たちのために』（社会思想社、現代教養文庫 531, 1965）があります。

5- **We are sending nice copies ...**

① we are sending: 未来時表現としての現在進行形の用法として、「すでに送る手配が済んでいるという含意」があります。

② nice copies の nice はここでは、ヘリーンの手紙にあった 'grimy, marked-up schoolboy copies' を踏まえて、「汚れていたり、書き込みがあったりしない、状態のよい」の意味です。ここでも copies が使われているので注目しましょう。

6- **we trust they will arrive safely in due course and that you will be pleased with them.**

① we trust の後に接続詞 that が省略されています。続く and の後の that も、we trust that ... とつながる接続詞ですが、この that は省略できません。

② I trust (that): *spoken formal* used to say politely that you hope something is true「〈話しことばでフォーマル〉あることが本当であることを願う気持ちを丁寧に述べるときに使う」
I trust that your family is well.「ご家族の皆さま方がお元気でありますよう願っております」（LDCE）

③ they will arrive safely: 3 人称主語 + will

④ in due course:「事が順調に運べば」「そのうちに」

⑤ you will be pleased with them.: 2 人称主語 + will　③⑤の will は法助動詞で話し手（書き手）の気持ちが関与してきます。「お送りした本は（そのうち）無事到着し、きっと満足してい

ただけると（私は）思います」

7- **Our invoice is enclosed with the books.**

= We enclose our invoice with the books.

「送り状（請求書）は本に同封してあります」

① enclose ＋名＋（with 名）：「…を（手紙などに）同封する」（AF）
名詞が主語となり受動態になっています。

② the books: この2冊の本は実質的には5-②の nice copies と同じ本を指しています。同じ本が英語では books と copies で表現されていることの例証になります。

9 **The Leigh Hunt essays are not going to be so easy ...**

〈2・3人称を主語にする be going ＋ to 不定詞〉の用法を復習しましょう。「進行中の行為に関する話し手の未来の予測」であり、「リー・ハントの随筆に関しては（手配中であるけれど私の感触では）、たやすく入手できそうもありません」。（　）内の意味が〈be going ＋ to 不定詞〉に込められています。話し手の意図を表す点で法助動詞 shall, will と同じ機能を持っています。cf. 第1章 p.24 5-③, 第3章 p.94 3-①

9- **we will see if we can find an attractive volume with them all in.**

① I'll see if (what) I can do:「〈会話〉私にできるかどうかやってみます」（AF）

② see: (try to) find out: *I'm not sure if I can lend that much money: I'll have to see* (I'll decide later)「調べ（ようと努め）る」「それだけの額のお金を貸してあげられるか今はまだ分からない。調べてみなくてはね（＝後で決めよう）」（LDELC）
原文の主語は we、解説では辞書からの引用のため主語が I ですが、主語の違い以外意味は同じです。同じことが p.238 6- we trust ... にも言えます。

③ volume: one of the books into which a very long book is divided 「とても長い本が分冊になった場合、そのなかの1冊」（LDCE）「(2巻以上から成るものの) 1巻、1冊」（AF）

④ ... volume with them all in. :「それらすべてが入っている1冊」

11- **We haven't the Latin Bible you describe ... a Latin New Testament, ... a Greek New Testament,**

① we haven't: このhaveは「所有している」の意味の動詞です〈英〉。〈米〉では、We don't haveのように助動詞を使って否定します。

② the Latin Bible you describe:「あなたが説明なさったラテン語の聖書」

③ 冠詞（the, a(an)）の意味を復習してみてください。New/Old Testament:「新／旧約聖書」

12- **ordinary modern editions in cloth binding.**

① órdinary:「並製の」（「上製」に対して）

② modern edition:「(年代物ではなく) 現代に出版された版」

③ cloth binding:「布表紙 (製本)、クロス装丁 (本)」

For Marks & Co.

署名の下、店名の前に付したforは「…を代表して」

［書簡3］

マークス社店員セシリー・ファーからヘリーン宛

　この手紙にも ［書簡2］ と同じ便箋が使われていますがレターヘッドは省略します。

7th April, 1950

Dear Miss Hanff,

Please don't let Frank know I'm writing this but every time I send you a bill I've been dying to slip in a little note and he might not think it quite proper of me. That sounds stuffy and he's not, he's quite nice really, very nice in fact, it's just that he does rather look on you as his private correspondent 5 as all your letters and parcels are addressed to him. But I just thought I would write to you on my own.

We all love your letters and try to imagine what you must look like. I've decided you're young and very sophisticated and smart-looking. Old Mr. Martin thinks you must be quite 10 studious-looking in spite of your wonderful sense of humor. Why don't you send us a snapshot? We should love to have it.

If you're curious about Frank, he's in his late thirties, quite nice-looking, married to a very sweet Irish girl, I believe she's his second wife. 15

Everyone was so grateful for the parcel. My little ones (girl 5, boy 4) were in Heaven—with the raisins and egg I was actually able to make them a cake!

I do hope you don't mind my writing. Please don't mention it when you write to Frank. 20

With best wishes,
Cecily Farr

P. S. I shall put my home address on the back of this in case you should ever want anything sent you from London.

C.F.

【日本語文】

ハンフ様

　この手紙を書いたことをどうぞフランクさんには伏せておいてください。でもこれまで請求書をお送りする度に短い手紙を忍び込ませたくてたまりませんでした。フランクさんは私がそんなことしたら、礼儀違反だと思うでしょう。と言うとフランクさんが堅物<ruby>堅物<rt>かたぶつ</rt></ruby>みたいですが、そんな方ではありません。ほんとはなかなかいい方で、いえ、それどころかとってもいい方なんですよ。ただね、私の言いたいのはフランクさんはあなた様をどちらかというと個人的な文通相手と考えているようです。お手紙も小包みもすべてフランクさん宛になっているからです。でも私、ちょっと考えたのですよ、あなた様に私個人として手紙を書いてみようと。

　店員たちは皆あなた様のお手紙が大好きで、外見はどんな方なのかしらと想像しております。私は、お若くてとても洗練されたおしゃれをカッコよく決めてる方だと考えることにしました。年配のマーティンさんの意見は、すばらしいユーモアのセンスがありながら、かなり勉強のできるタイプの方に違いないということです。スナップ写真を送っていただけませんか。ぜひ拝見したいものです。

　フランクさんのことを知りたいと思っていらっしゃるかもしれないと思って申しますと、30代後半でなかなかハンサムな方ですよ。奥様はとてもかわいらしいアイルランド出身の方で、確かフランクさんの2人目の奥様だと思います。

　贈ってくださった小包みに店員全員が感謝しております。私の子どもたち（5歳女子と4歳男子）は大喜びでした。現にレーズンと卵でケーキを作ってやることができたのですよ！

　私がこの手紙を書いたこと、お気を悪くなさらないでいただきたい

242

と存じます。フランクさんにはどうぞご内密にお願いいたします。

かしこ

セシリー・ファー

追伸：この裏面に自宅のアドレスを書いておきます。ロンドンから送ってほしいものがあればお役に立てるかもしれないと思いまして。

【解　説】

1- **don't let Frank know (that) I'm writing this but every time I send you a bill ...**

① don't let Frank know:「フランクに知らせてはいけない」　否定の命令文。（肯定文は let Frank know）　let は使役動詞で know は原形不定詞。

書き手が上司を Frank とファーストネームで呼ぶのは日本人にとっては違和感があるのではないでしょうか。cf. p.253【参考 (5)】

② I'm writing this:「進行中の動作」を表す現在進行形。

③ every time I send you a bill: every time は接続詞的に働いて「…するたびごとに (= whenever)」(AF)。send は習慣的行為を表す現在形です。セシリーは請求書を発送する係なのでしょう。

2　**I've been dying to slip in a little note ...**

① have been ...ing〈継続を表す完了形〉＋進行形で、現在完了進行形。「これまでずっと、短い手紙を滑り込ませたくてたまりませんでした」

② be dying to do:「…したくてたまらない」dying＜die の現在分詞形。

③ a note: a short, usually informal letter「短いインフォーマルな手紙」(LDCE)

3　**he might not think it quite proper of me.**

「それを礼儀にかなわないものと考えるかもしれない」／「それを礼儀にかなうものと考えないかもしれない」

① = he might not think (that) it (is) quite proper of me.

S(he) V(think) O(it) C(proper)の構文　cf. 第3章 pp.80-81

【参考 (2)：7文型】

② 英語では主節動詞 think を否定するのが通例です。cf. 第3章 pp.75-76 3-

③ might　法助動詞。形は may の過去形ですが、「過去」の意味はありません。might は may と同じく〈可能性〉を示して、「ひょっとして…と考えるかもしれない」「もし仮に私がこの手紙を送るとしたら」という仮定が前提になっています。cf. 第4章 p.108 確実性のスケール

④ it (is) proper of me (to do so)

　　ⓐ it は to slip in a little note

　　ⓑ [it is A of B to do]: 「…するとは B（人）は A だ（A は wise, stupid, kind, careless, cruel, polite など人と行為を評価する形容詞。B は形容詞、不定詞双方の意味上の主語）」（プログレッシブ）

3- **That sounds stuffy and he's not, he's quite nice really, very nice in fact, ...**

stuffy:「〈人などが〉堅苦しい、しかつめらしい」（AF）

この部分からは、書き手の息遣いが聞こえてくるようです。自分がこんな風に書くと「堅苦しい人物と聞こえるかもしれない」という可能性を恐れて、懸命により適切な表現を探しています。まず、he's not, とはっきり stuffy という形容詞を否定し、he's quite nice really,「本当はかなり融通のきく人なのです」、3度目に (he's) very nice in fact,「それどころか、とても寛大ないい方です」と称賛のことばに至るこのようなテクニックによって、ヘ

244

リーンと同時に読者はフランクに対する好感度を高めていきます。

in fact:「それどころか、いやむしろ（前言を訂正するときに用いる）」（AF）　実際、quite nice を very nice に訂正しています。

4-　**it's just that he does rather look on you as his private correspondent ...**

①　it's just that:「つまり、私の言いたいことはですね」という前置き。

②　look on A as B:「AをBと見なす、考える」「あなたを個人的な文通相手だと考える」as は前置詞です。

③　he does look on you: he looks on you の動詞 looks の強調形。cf. 第3章 p.75 *3* ②

6　**as all your letters and parcels are addressed to him.**
「手紙も小包みもすべてフランク宛に届いているので」

古書の売買に関しては、ヘリーンはフランクに手紙を書き、フランクはヘリーンに返事を書いていますが、古書店宛の食料品の小包みも代表としてフランク宛に送られていることが分かります。as は〈理由〉を示す接続詞。

parcels については後述（pp.250-251 *16* ②）。

6-　**I just thought I would write to you on my own.**

①　I would write to you on my own:「（請求書を送るときに忍び込ませるのではなく）自分で（だれにも相談しないで）あなた宛に手紙を書こうと思いました」

would は will（主語の意志）の過去形、thought (that) の中の構文で〈時制の一致〉に従っています。

②　on one's own:「単独で、独力で」「ほかの人に相談しないで」

8-　**(we) try to imagine what you must look like.**

①　what you must look like（名詞節）は imagine の目的語。「あなたの外観はどのようなものか」を想像する。

② mustは〈推量〉の法助動詞。話し手が「きっと…に違いない」
と推量します。

③ look like ... :「(外見から)…のように見える」
このlikeは前置詞で、what(疑問代名詞)が目的語。「何に
見えるか、どんな外見かということ」 *He looks like a sumo
wrestler.*「彼は力士のように見える」(AF)

9　**I've decided (that) ...**

「…と(これまでに)判断した」現在完了形。

decideの意味についてはすでに述べました(cf. 第5章 p.146 *8-*
①)が、「あれか、これか、と思案の末、that以下の結論に至っ
た」という意味。

10　**smart-looking**＜smart: well-dressed, *BrE* wearing neat
attractive clothes and having a generally tidy appearance「〈英〉
清潔で人目を惹く服装をし、概してきちんとした身なりをしてい
る」(LDCE)　neatとtidyという形容詞の意味は近く、一緒に
使われることが多くあります。*Can't you keep your bedroom
neat and tidy!*「寝室をきれいに整頓しておけないのですか」
(LDCE)

10-　**Old Mr. Martin thinks (that) you must be quite studious-
looking in spite of your wonderful sense of humor.**

① Old Mr. Martin: これは、きっと自他共に許す愛称で、みんな
にそう呼ばれているのだと思います。この手紙の返信で、ヘリー
ンはそのまま、'Old Mr. Martin'と呼んで彼に言及しています。
このoldは親しみを込めた呼び方で、good old / poor old /
silly old etc: *spoken* used to talk to or about one you are
fond of「〈会話〉親しみを持っている人に対する呼び方、呼
びかけ語」*Good old Keith!*「なつかしいキースさん」 *You
poor old thing!*「かわいそうな人ね」(LDCE) などの情報が

得られます。古書店有志6名からヘリーンに送った1951年の
クリスマスカードには'Geo Martin'（GeoはGeorgeの略）の
名前が見えます。

ほかのFPDによる手紙には、彼が実際に年配であることが書
かれています（one of the older members of our staff）。

② you must be ...　8行目と同様、ここでも話し手の推量のmust
が使われています。

③ studious-looking ＜ studious: spending a lot of time studying
and reading「勉強好きな人に見える」（LDCE）

④ your wonderful sense of humor:「あなたの素晴らしいユー
モア感覚」

　ⓐ yourは冠詞と共に〈限定詞〉と呼ばれ、冠詞と同じ役割、
つまり、名詞の前に置かれますからカプセル封入のサイン
となります（cf. 第1章 pp.12-13【参考（8）】）。5個の単語
がカプセルに入っています。

　ⓑ sense of humor:「ユーモア感覚」この3語には緊密な結
びつきがあります。humorは〈米〉のスペリングです。〈英〉
ならhumour。書き手のCecilyは〈英〉のhumourと書い
たと思われますが、ここは、米国の出版社がスペリングを
〈米〉にしたのかもしれません。

ところで英語圏文化ではa sense of humorがあるというの
は大きなほめことばです。p.254［書簡4］でもノラは夫に
a sense of humourがあったことを誇らかに語っています。
ここでは（p.254 4, 11行目）〈英〉のスペリングが使われ
ています。cf. 第6章 p.176 4

これと対極にあると考えられる語にbore（退屈な人）と
liar（うそつき）があり、これらは日本語とは違って非常に
強い軽蔑のことばです。

12 **Why don't you send us a snapshot?**

Why don't you ...? で、「（提案・勧誘を表して）…したらどうか」
Why don't you have some more pie? 「パイをもう少しどう？」
（AF）

We should love to have it.

= We would love to have it (= your snapshot). 「ぜひスナップ
写真をいただきたいものです」

I / We に続く should、would の用法に関する SWAN の記述：

After *I* and *we*, both *should* and *would* can be used with the
same meaning. However, first-person *should* is rare in American
English, and is becoming less common in British English. 「I/
we should/would は同義に使われる。しかし、I/we should
は〈米〉ではまれで〈英〉でも使用頻度が少なくなっている」
（SWAN 498）

13- **If you're curious about Frank, he's in his late thirties, ...**

この文の If 節と主節との次元が異なっていることにお気づきで
しょうか。If it rains tomorrow, I won't come and see you. など
の通常の文では if 節と主節が同一の次元の中にあります。違和
感を解明するために、主節の前に I'm saying this in case を入れ
てみます。「フランクがどんな人かお知りになりたい場合のため
に、申し上げますが、フランクは 30 代後半で…」と意味がつな
がりますね。SWAN は 261.14 で「if 節は 'I'm saying this in
case' の意味で用いることがかなり多い」と述べ、例文を挙げて
います。*There's some steak in the fridge if you're hungry.*「お腹
が空いていたら、冷蔵庫にステーキがあるよ」 SWAN はここの
if you're curious about Frank を I'm saying this in case you're
curious about Frank と言い換えられると述べているのですね。

14 **married to a very sweet Irish girl,**

① (he is) married to a ... girl で「(…である女性と) 結婚している」
marryという動詞は日本人に使いにくい語です。

marry: to become someone's husband or wife「だれかの夫
または妻になる」(LDCE)

  ⓐ get married　*I got married when I was 18.*「18歳で結婚
した」(LDCE)

  ⓑ get married to　*Billy got married to the first girl he went
out with.*「ビリーは最初にデートしたガールフレンドと結
婚した」(LDCE)　「…と結婚する」はto という前置詞を
使い、withではないことに注意しましょう。

  ⓒ marry sb. 〈SVO構文〉　*one of those romances about a
rich tycoon who marries his secretary*「自分の秘書と結婚
した富裕な大立者にまつわるロマンスの1つ」(LDCE)

以上「(と) 結婚している／する」の3種の表現を覚えてくだ
さい。

もちろん、「結婚している」状態を表す〈主語＋be married〉、
I am married.「独身ではありません」、*We have been
married for 50 years.* という表現は基本形です。

② a very sweet Irish girl, これは分かりやすい1個のカプセル〈a
副形形＋名詞〉ですね。

(a) sweet: kind, gentle, and friendly (LDCE)　性格を描写す
る形容詞です。sweet: a word used especially in British
English meaning very nice, gentle, and friendly, and often a
little shy「特に〈英〉ではとてもやさしく、穏やかで感じがよく、
少し内気な」(LLA)　このように易しいと感じられる形容詞の
意味も案外難しいものです。

(b) girlは (ここでは) 女性。girlにはchild (女児)、young
girl (少女)、daughter (娘)、woman (女性) など広い意味

があり、現在では男性が用いると差別的とみなされる傾向が
あるのは、日本語の「女の子」にもその傾向があるので理解
できます。なお、daughterの意味で使われている例が、次の
p.254［書簡4］の中で、My girls are wonderful（15-16行目）
と、the girls would love to meet you（PS）にあります。

16 **Everyone was so grateful for the parcel.**

① grateful: feeling that you want to thank someone because of
something kind that they have done「親切な行為をしてくれ
たことに対してその人に感謝したいと思っている」 *I'm so
grateful for all your help.*「ご助力すべてに感謝しております」
（LDCE） 少し改まった表現ですが、'Thank you'のヴァリエー
ションとして覚えておくと便利です。

② parcel: ここでは（イースターの贈物の）小包み。
parcelが初めて送られた経緯に関して1949年12月8日、ヘリー
ンからフランクへの手紙に以下の一節があります。

Brian told me you are all rationed to 2 ounces of meat per
family per week and one egg per person per month and I
am simply appalled. He has a catalogue from a British firm
here which flies food from Denmark to his mother, so I am
sending a small Christmas present to Marks & Co. I hope
there will be enough to go round, he says the Charing
Cross Road bookshops are "all quite small."

ブライアンから聞いたのですが、イギリス人はみんな配給制
度で、週に1所帯で肉が2オンスと、月に1人1個ずつの卵が
割り当てられているそうですね。本当にびっくりしました。ブ
ライアンがニューヨークにあるイギリスの会社のカタログを持っ
ていて、その会社からイギリスに住むお母さんにデンマーク
から食品を空輸してもらっています。ですから私もマークス

社宛にささやかなクリスマスプレゼントを送ることにしました。皆さんに十分に行きわたるといいのですが、ブライアンはチャリング・クロス街の本屋さんは「どの店もかなり店員さんが少人数だ」と言っています。

16- **My little ones (girl 5, boy 4) were in Heaven—**

① My little onesのoneは不定代名詞。修飾語（句）を伴って「人（person）」を表します。(the) *dear* [little] *ones*「かわいい子どもたち」/ *loved ones*「愛する人々・家族・恋人・友人など」(AF)

② be in Heaven: be in heaven「大変うれしい」(プログレッシブ)

17- **with the raisins and egg I was actually able to make them a cake!**

「レーズンと卵で現に子どもたちにケーキを作ってやれましたよ」

① raisinsは複数形なので数として、eggは数（個数）でなく材料として量（無冠詞）でとらえています。

② I was actually able to make them a cake!

   ⓐ was able toは過去のある特定時に、「実際にあることを達成できた」と明確に言う場合に使います。couldを使うと「やろうと思えばできた」という意味になり、実際行ったことを必ずしも表しません。

   ⓑ actually: *Actually* can introduce details, especially when these are unexpected「特に人が思いがけないと思うことを、具体的に詳しく述べるときに使う」(SWAN 159.15)

③ make them a cake!

   〈make ＋ 人 ＋ 名詞〉 ≒ 〈make ＋ 名詞 ＋ for ＋ 人〉(make a cake for them)「(人に) …を作ってやる」(AF)　them = my little ones

19 **I do hope you don't mind my writing.** = I do hope (that) you don't mind my writing.

「私が手紙を書いたことをどうか、気にしないでいただきたいと
思います」

① I do hopeでは、doは述語動詞hopeを強調し、「切に希望し
ます」の意。I dó [du:] hopeとdoの強調のストレスを付けて
発音すること（cf. p.245 4-③, 第1章 p.28 5-）。

② mind my writing:〈mind＋動名詞〉myは動名詞の意味上の
主語。「私が書いていることを気にする」

(PS) **P. S. I shall put my home address on the back of this in case**
you should ever want anything sent you from London.

① P. S. = postscript「追伸」

② put my home address on the back of this ... (SVOA)
put:「（ことば・文を）記入する」(AF)　on the back of this:「こ
の便箋の裏に」　セシリーは書店名や住所が印刷されているマー
ク社の便箋を使って書いているので、自宅住所をこの紙の裏
に書いておく、その理由をin case以下で述べています。

③ in case you should ever want anything sent you from
London.
「ロンドンから送ってほしい物があるかもしれないので」

ⓐ in case ... should:「…の場合に備えて」「（ひょっとして）
…するかもしれないから」
in case（接続詞）の後に用いる動詞はshouldを付けるか、
直説法現在形を用いる場合があります。*Take your umbrella*
in case it rains/should rain.「雨が降るといけないから傘を
持って行きなさい」（プログレッシブ）　予測する事態の実
現度がやや低いと感じられた場合にshould（想定の法助動
詞）を用います。

ⓑ ever: in caseやif節の動詞の前で使われる強調の副詞（通
例和訳には表れないが、at any time「いつでも」の意味を

252

持つ)。

ⓒ (you should) ever want anything sent you from London
「ロンドンからあなたが送ってほしい物があったらなんでも」
want anything (to be) sent you ... または want anything
that (will be) sent you ...のように(　　)内を補うと、sent
は受動態の過去分詞だと分かります。

　㋑〈want + O + 過去分詞〉で、「Oが…されることを望む」

　㋭ anythingは実体のない仮の物で、「どんなものでも」「な
んでも」。実体があればsomethingを使います。

【参考 (5)：〈日・英語の比較〉敬称】

　日本語文では原文の「フランク」は「フランクさん」になっ
ています。これは文化の差異の問題ですが、セシリーは目上の
FPDをフランクとファーストネームで呼んでいます。一方同じ
スタッフをOld Mr. Martinと姓（ファミリーネーム）で呼んでい
ますね。上司に当たる人もファーストネームで呼ぶ（フランク
自身がそう呼ばれることを望んだ可能性もあります）ことは、
ごく普通のことなのかもしれません。

　日本語文の中で「フランク」とすると、傲慢な感じか親密す
ぎる印象を与えてしまい、「フランクさん」としないと日本語ら
しくなくなってしまいます。

　ロンドン大学大学院に在籍していたとき、指導教授から、彼
をファーストネームで呼ぶよう言われましたが、私にはどうし
てもそれができませんでした。教授と若手教員たちは同僚
(colleague)として互いにファーストネームで呼び合っていました。

　上下（目上・目下）関係を反映する敬語社会のなかで育った
私には、呼びかけ語に関して敬語の概念のない言語社会に一挙
に移ることは困難だったのです。

マークス社店員故フランク・ドエルの妻ノラからヘリーン宛

(UNDATED. POSTMARKED JANUARY 29, 1969. NO ADDRESS ON LETTER.)

Dear Helene,

Thank you for your very kind letter, nothing about it at all offends me. I only wish that you had met Frank and known him personally, he was the most well-adjusted person with a marvelous sense of humour, and now I realize such a modest person, as I have had letters from all over to pay him tribute *5* and so many people in the book trade say he was so knowledgeable and imparted his knowledge with kindness to all and sundry. If you wish it I could send them to you.

At times I don't mind telling you I was very jealous of you, as Frank so enjoyed your letters and they or some were *10* so like his sense of humour. Also I envied your writing ability. Frank and I were so very much opposites, he so kind and gentle and me with my Irish background always fighting for my rights. I miss him so, life was so interesting, he always explaining and trying to teach me something of books. My *15* girls are wonderful and in this I am lucky. I suppose so many like me are all alone. Please excuse my scrawl.

With love,

Nora

I hope some day you will come and visit us, the girls would

love to meet you.

【日本語文】

（日付なし。1969年1月29日の消印。手紙に住所なし。）

ヘリーン様

　大変お心のこもったお手紙をありがとうございました。わたしの気分を害するようなことは何もありませんでした。一つだけ心に掛かることと言えば、あなたがフランクに生前お会いくださり、個人としての彼を知っていただきたかったと思います。素晴らしいユーモアのセンスがあり、適応能力抜群な人でした。そして今になって、とても控えめな人だったことが分かりました。あちこちからフランクに対する賛辞の手紙が届き、業界の多くの方々が、彼が博識で、その知識をだれにでも隔てなく分け与える心をもっていたとおっしゃってくださいました。よろしかったらそれらの手紙をお送りいたしましょうか。

　思い切って申し上げますと、わたしは時にはあなたに強い嫉妬心を抱いたこともありました。フランクがあなたのお手紙をとても喜んで読んでいましたし、ユーモアのセンスがフランクとそっくりなお手紙がありましたので。また、あなたの文章力には羨望を感じておりました。フランクとわたしの性格は全く反対で、彼は心優しく穏やかなのに、わたしのほうはアイルランド人気質のせいで、自分の権利を主張してばかりいました。彼がもういてくれないことを本当に寂しく思います。彼と過ごした人生はとても興味深いもので、書物のことをいつもわたしに説明したり教えようとしたりしてくれました。娘たちはとてもよい子たちなのでこの点でわたしは幸運です。わたしのような境遇に置かれた多くの方々は、皆とても孤独ですから。乱筆お許しくださいませ。

　　　　　　　　　　　　　　　　　　　　　　　　さようなら

いつかわたしどもをお訪ねくださるようお待ちしております。娘たち
はお会いできたらとても喜ぶことと存じます。

【解 説】

1- **Thank you for your very kind letter, nothing about it at all offends me.**

① your very kind letter　ここで言及されているヘリーンからの
ノラ宛の手紙は、この書簡集の中には収録されていません。

② nothing (about it) (at all) offends me：「その手紙に書いてあっ
たことのなかで、わたしを怒らせることは何もない」　ヘリー
ンの手紙に「あなた（ノラ）のお気に障るようなことを書い
てしまったかもしれませんが、お気を悪くなさらないでくださ
い」などというくだりがあったものと想像できます。

　ⓐ nothing at all：「全くなにもない」nothing が主語。

　ⓑ offend：[usually passive] to make someone angry or upset
〔通例受動態で用いる〕とありますが、本文では能動態で
用いられています。「人を怒らせたり、動揺させる」(LDCE)

2- **I only wish that you had met Frank and known him personally,**

① wish：「want や would like より改まった表現」(AF)

② 〈wish that 節（主語＋過去完了形）〉は、「（過去において）…
していればよかったのにと思う」。過去に実現できなかったこ
とへの願望または悔恨を表します。

③ only は強調。I only wish/hope ... で「…でさえあったらなあ」
という強い願望を表します。

④ that 以下は過去完了　you had met Frank and (had) known
him ...

256

3- **he was the most well-adjusted person with a marvelous sense of humour,**

① 形容詞の最上級が使われていますが、特に何かと比較しているわけではありません。この用法を〈絶対最上級〉と呼びます（cf. 第1章 p.17 4 ①）。well-adjustedのような複合形容詞には比較級、最上級として(a) better-adjusted, best-adjusted (b) more well-adjusted, most well-adjustedの2つの形があります。

② a marvelous sense of humour,　cf. 第6章 p.176 4

4- **now I realize such a modest person,**

① ＝I realize (that he was) such a modest person,
かっこ内を補うと文の構造がより明確になります。

② realize: to start to know something you had not noticed before「以前気づかなかったことを知る」（LDCE）

③ such a modest person:「とても謙虚な人」　suchは「形容詞＋名詞の前に用いて形容詞を強調する」（AF）。この文は前の、he was the most well-adjusted person ... and now I realize such a modest person, と続くと考えましょう。なぜmodest person だということが分かったのかというと、次に続くas以下で説明されています。

5 **as I have had letters from all over to pay him tribute**

① asは〈理由〉を示す接続詞（その後に節が来ます）。

② I have had lettersは〈現在完了〉。「これまでに複数の手紙を受け取っている」　had ＝ received（過去分詞）（動的）

③ from all over:「至るところから」「各地から（手紙が届いている）」

④ pay him tribute ＝ pay tribute to him
pay tribute to a personは成句で「人に賛辞を呈する」（AF）の意味。payという動詞はsendやgiveと同じように、2つの構

文〈SVO〉(to a person)と〈SVOO〉で用いられます。本文は〈SVOO〉構文で書かれています。

不定詞はlettersを修飾する形容詞用法。「彼に賛辞を呈するための（手紙）」

6- **so many people (in the book trade) say he was so knowledgeable and imparted his knowledge (with kindness) to all and sundry.**

2か所をかっこ内に入れて考えると長い文でも構文の骨格が明らかになって理解しやすくなります。sayのあとにthatが省略されていると考えます。that節の主語heの動詞はwasとimpartedです。

① in the book trade:「書籍業界」、ここでは「古書業界」。*the publishing/construction trade*「出版／建設業界」

② impart: to give information, knowledge, wisdom etc to someone「ある人に情報、知識、知恵などを与える」(LDCE)

③ with kindness = kindly:（副）「親切に」 ここで形容詞kindの定義（LDCE）を見ておきましょう。kind: saying or doing things that show that you care about other people and want to help them or make them happy「あなたがほかの人たちを気遣い、支援し、幸せな気持ちにさせようと思っていることをことばにし、行動する」 いつも「親切な」という日本語で済ませているkindという形容詞が、英語で具体的に説明されているのを読むのは大変興味深いですね。英英辞典を読む醍醐味の1つだと思います。cf. 第5章 p.144【参考(2)】

④ all and sundry:（成句）everyone, not just a few carefully chosen「特別に選ばれた人だけではなく、だれでもかれでもみんな」(LDCE)

8 **If you wish it I could send them to you.**

① if節の中のitは先行する文の中に適当な先行詞は見つかりま

せん。このitは「あなたにそれらの手紙を送ること」と後続の主節が意味することを指していると考えましょう。「もしそれをお望みなら、それらの手紙（複数）をあなたにお送りすることもできますが」

② 主節の中のcouldは法助動詞で「可能性」を示しています。詳しく言うと、「未来の行動に対して提案する」ときに用いるcan、*I can send them to you*を丁寧に言うために過去形couldを使ったものです。法助動詞には形として現在形と過去形がありますが、時制とは関係なく、「可能性」を示すcanの場合、couldは可能性の度合いを弱めて「より仮のこと」「それらの手紙を送ることもできますが、どういたしましょうか?」と提案し、結果として丁寧さを表すことになります。cf. 第4章 p.108 確実性のスケール

「未来の行動」は「わたしがこれからあなたに手紙を送る」ということです。

③ themは5行目のletters。

④ sendは5行目で扱ったpayと同じで、2種の文型〈SVOO〉と〈SVO〉をとる動詞。

9- **At times I don't mind telling you I was very jealous of you,**

① at times:「時折、たまに」 I was very jealousにつながります。

② I don't mind telling you (that) ... :「…ということを告白するのをいといません」cf. p.252 *19* ②

【参考 (6)：LDCEでmind（動詞）を調べる】

mind（動詞）をLDCEで調べると、①と②が得られます。

① mind: feel annoyed or upset about something 「（人が）…を嫌がる、迷惑だと思う；のせいで気が転倒する」

この定義にある2つの形容詞を見ると、ⓐ annoy: to make

someone feel slightly angry and unhappy about something「な
にかに軽い怒りと不安を感じさせる」 ⓑ upset: to make
someone feel unhappy and worried「不安と心配を感じさせる」
feel annoyedもfeel upsetも［feel＋過去分詞］でありannoyと
upsetとを比べてみるとこの2語はほとんど類語と言っていいで
しょう。しかしannoyにはslightlyが付いているので、upsetよ
り弱いと感じられます。

　② not mind doing sth: to be willing to do something「何か
をするのをいとわない」; I don't mind driving if you're tired.「お
疲れでしたら、私が運転してもいいですよ」

　not mind ~ingとwilling to doは「類語」になぞらえて「類
表現」であると考えられます。

　なお、willingに関しては『ジーニアス英和大辞典』に次の説
明のあることを記しておきます。「［語法］同調の態度をとることで、
be ready toとは違って自分から積極的にしたいという気持ちは
含まないが、特に反対する積極的な理由もないときに用いる」

10-　**as Frank so enjoyed your letters and they or some were so
　　like his sense of humour.**

　① 接続詞asは〈理由〉を表し、前にある主節につながっています。
　　「フランクがお手紙を大変喜んでおり…なので」と後から理由
　　が述べられています。

　② they or someはいずれもyour lettersを受ける代名詞。theyと
　　すればyour lettersすべてを指すことになるので、or some「す
　　べてとは言わないまでも、少なくとも手紙の中には…のような
　　ものがあった」という意味になります。

　③ his sense of humour. 〈英〉スペリング　cf. 第6章 p.176 4,
　　第7章 p.247 10-④ⓑ, p.257 3-②

12- **Frank and I were so very much opposites, he (was) so kind and gentle and me (I) (was) with my Irish background ...**

「フランクと私は性格が両極端に違い、彼は親切でおだやか、わたしのほうはアイルランド人気質で…」

(a) Frank and I were ...

Frank（固有名詞には格変化がありませんが主語ですから）
（主格）and I（主格）　並べる順は2、3、1人称。

(b) he (so kind and gentle) and me (with ...)

he（主格）and me（目的格）

SWAN 425.2によると、(a) 主語であるFrank and Iはフォーマルな文体、(b) 同じく主語であるhe（主格）and me（目的格）はインフォーマルな文体と説明されています。原文には2つの異なる文体が混在していることが分かります。

13- **fighting for my rights.**

fight for ... :「…を得るために戦う」

14- **I miss him so, life was so interesting, he always explaining and trying to teach me something of books.**

「彼を失ってとても寂しくなりました。いつもわたしに書物のことをいくらか説明したり教えようとしたりしてくれたので、人生がそれだけ楽しいものになりました」

① miss somebody: feel sad because someone you love is not with you「親しい人が一緒にいないのを寂しく思う」（LDCE）

② life was so interesting, he always explaining and trying to teach me ...

= life was so interesting, because he always explained and tried to teach me ...

分詞（explainingとtrying）が導く句が、主文（life was so interesting）を副詞的に修飾する（ここでは理由を述べている）

とき、その文の構造を〈分詞構文〉といいます。cf. 第3章 pp.85-86 *1*-④，第4章 p.103 *3*-② ここでは分詞の意味上の主語（he）と主文の主語（life）が一致しないので、分詞の主語heが付いています。この場合「主語＋分詞」は主文から独立するので〈独立分詞構文〉と呼ばれます。

③ explainとteachのこの文での文型の違いを確認しておきましょう。explain＋名詞＝〈SVO〉explain something of books / (trying to) teach＋名詞（人）＋名詞＝〈SVOO〉teach me something of books

something of books:「書物というものについての何か」

15- **My girls are wonderful and in this I am lucky.**

① My girls ＝ My daughters 引用した書簡には含まれていませんが、フランクとノラの間には2人の娘がいて、年上の娘はフランクと亡き先妻の子、若いほうの娘がフランクとノラの子であることを、ノラはヘリーンへのほかの手紙の中で書いています。同じ母を持たない娘でありながら、この娘たちが素直に仲よく育っているのをノラは自分が幸運であると喜んでいるのです。

② in thisのthisは「母親違いではあるが2人が仲よく暮らしていること」。I am lucky in this.のin thisが文頭に出ているのはthisが前文と強く結ばれているからです。

16- **so many like me are all alone.**

manyは代名詞で主語。

all: 強調の副詞で通例好ましくない意味の形容詞の前で用いる。

「私のような、夫を亡くした多くの妻たちは全く孤独です」

(PS) **I hope some day you will come and visit us, the girls would love to meet you.**

＝ I hope (that) some day you will come and visit us. The girls would love to meet you. 原文はカマで分かれた2節から成っていますが、2節は論理的につながっていません。意味上独立しているからです。カマの代わりにピリオドで2文に分けると、問題は解決します。

① some day:「(将来)いつの日か」

② come and visit us＜come and do sth: *Can I come and see you tomorrow?*「明日お会いしに行ってもいいですか」(LDCE)
    I hopeから始まる文はPS（追伸）として書かれています。

【参考（7）：強調の副詞 so】

　この手紙の中でノラは強調の副詞soを9回も使っています。AFはso《強調》の項に「veryの意味に近いが、主観的・感情的側面を強調する；女性や子どもがよく用いる言い方」と説明しています。ほかにノラの手紙は3通あり、調べましたが、どれもこれほど多く強調のsoが使われている例はありませんでした。この1月29日付の手紙は、突然愛する夫を失って（12月22日）からまだ日の浅いノラの困惑、狼狽といった感情の揺れがsoに反映されている証左とも考えられます。話しことばをそのままつづったような文で、文法的に整えられた手紙でないことが、気丈に振る舞っているノラの心の反映と見ることができます。

【第7章の終わりに】

　屈託のない、しかし心優しいアメリカ人女性の顧客と手紙による交流を重ねるうちに、真面目で慎重なイギリス人古書店員の心が徐々に変化していく様子が見事に描かれています。手紙を集めただけで1編の立派な文学作品に仕上がっているのに驚きました。

　残りの手紙も是非読んでください。

　文法的事項として、この章では「カプセル（名詞句）の中身」を

考察しました。一連の英文の意味の領域を区切るために有益だと考えたからです。煩雑だと感じた方はもちろんスキップしてくださって結構です。

第8章

『英語でよむ万葉集』から学べること
──万葉集には 'love' がない?

リービ英雄
『英語でよむ万葉集』より

【 著者と引用作品について 】

　リービ英雄さん（Ian Hideo Levy, 1950-）のお姿を初めて拝見したのは2009年10月、奈良県立万葉文化館で行われた中西進氏、真野響子氏とのシンポジウムでのことでした。たしかご自身で翻訳された万葉集の1編を英語で読んでくださったように記憶しております。

　ご著作を通じ、またお姿が目に浮かぶので、一方的に親しみを感じ「さん」付けでお呼びするのが、私の習慣となっています。

　リービさんはお父さまの仕事の関係で少年時代を台湾、香港で過ごし、16歳で初めて日本に住みました。その後日米往還を繰り返し、プリンストン大学大学院博士課程を修了、プリンストン大学、スタンフォード大学で教授を務めました。1989年から日本に定住されています。

　主な著作として、1982年出版した英訳「万葉集」（全米図書賞）、1992年の作品集『星条旗の聞こえない部屋』（野間文芸新人賞）があり、西洋出身の初めての現代日本文学作家となりました。1996年『天安門』（芥川賞候補）、2005年『千々にくだけて』（大佛次郎賞）、2008年『仮の水』（伊藤整文学賞）、2016年『模範郷』（読売文学賞）ほか多数があります。

　『英語でよむ万葉集』（岩波新書、2004年—以下本章では原著と呼ぶ）の「世界文学としての、万葉集」と題する序文のなかで、著者にとって万葉集は「源氏物語以上に、松尾芭蕉の俳句以上に、ぼくに最高に感動を与えてくれた日本文学」（p.i）であり、「世界にも例をみない、詩歌の集大成なのではないか」（p.ii）、「七世紀末の日本語を…とりつかれたように読みふけり、まるで奈良の大寺院の写経生のような気持ちとなった。そして万葉集を英語に写しはじめた」（傍点は原著者）（p.ii）と述べています。『英語でよむ万葉集』は「世界文学としての万葉集」（p.iii）を日本の読者に届けようと意図した著作です。

　著者の英訳から私たち日本人の英語学習者が何を学べるかを抽出し、解説を試みるのがこの章の私の目的です。

　まず手始めに、私たち一般の日本人が漠然と持っている万葉集の知識を、著者がどんな英語で解説しているかを知るために、英語による原著 *The Ten Thousand Leaves: A Translation of the Man'yōshū, Japan's Premier Anthology of Classical Poetry* の Introduction（序論）から冒頭の一部を以下に引用し、【日本語文】と【解説】を付けます。

【 Introduction 】

　Man'yōshū, The Ten Thousand Leaves, is Japan's first anthology of poetry and, to over a millennium of critical opinion, the greatest. Like the works of Homer for the West, like *The Book of Songs* for China, it represents both the classical fount of poetry and a model of expressive energy　　*5* never surpassed.

　As its name—*Man'yōshū,* literally "the collection of ten thousand leaves"—suggests, this is the "anthology of all anthologies" from the Asuka and Nara periods, which saw the first flowering of an artistic and literary sensibility in　　*10* Japan. Apart from a few poems attributed to legendary times, and some others which may possibly be additions from as late as the ninth century, *The Ten Thousand Leaves* is a collection of poetry written from the second quarter of the seventh century to the middle of the eighth. The last　　*15* specifically dated poem was composed in 759.

The Ten Thousand Leaves is a vast work, comprising 4,516 poems in twenty "books" (*maki,* or "scrolls"). In them are represented over 400 named poets, and countless hundreds of others who composed the anonymous poems 20 which make up more than half of the collection. The variety is astonishing, ranging from the elegant banquet verse of aristocrats to the "poems of the frontier guardsmen" and the rustic "poems of the Eastland" in provincial dialect.

【日本語文】

　マンヨーシュー、「万葉集（1万枚の葉）」は日本最初の詞華集であり、一千年以上に及ぶ学者たちの意見によると、日本で最も優れた詞華集である。西洋におけるホメロスの作品、中国における『詩経』のように、万葉集は詩の古典的源泉であり、これを超えるものがない表現力の模範を提供している。

　マンヨーシュー、文字通りには「1万枚の葉を集めたもの」という書名が示すように、これは飛鳥・奈良時代の詞華集中の詞華集である。この時代は日本における芸術的、文学的感性が最初に開花する舞台を提供することになった。伝説の時代の歌とされる数首と、9世紀に追加されたと考えられる数首を別にすると、万葉集は7世紀の第2四半世紀から8世紀中期に詠まれた歌を集めたものである。特にはっきり作歌の日付の分かる最新の歌は759年に作られている。

　万葉集は膨大な歌集である。20巻（巻つまり巻物）のなかに4,516首が編まれている。そのなかには作者の名前が分かっている400人あまりの作品があり、そのほか数多くの人々による作者不詳の歌が全体の半数以上を占めている。歌の種類の多様なことは驚くほどで、宮廷人の優雅な宴席歌をはじめとして、「防人の歌」と、方言で詠まれた地方色豊かな「東歌」まで幅広い。

【解 説】

1- *Man'yōshū, The Ten Thousand Leaves,* **is Japan's first anthology of poetry and, ..., the greatest (anthology of poetry).**

Man'yōshū **(S) is (V) poetry (C) and (poetry) (C).**

全文の核となる構造はSVC and Cです。

Man'yōshū, The Ten Thousand Leaves, **is Japan's first anthology of poetry**

カマとカマに挟まれた挿入句は名詞句で、前の主語名詞 *Man'yōshū* に説明を加えています。2つの名詞（句）はお互いに同格の関係にあるといいます。

① Japan's: 'sを付けるのは生物を表す名詞に限るのが原則ですが、それ以外の名詞、国名が擬人化されて付く場合がしばしば見られます。原文の場合は、Japan's という形しか使えません。一般に、Japan's first anthólogy = the first anthology of Japan が成り立ちますが、ここでは anthology の後に of poetry という後置修飾句が付いていますから、of Japan の形をとることができず、Japan's しか使えないということです。統計を取っていませんので確かなことは言えませんが、〈無生物's〉に最上級の表現が続く連語を多く見かけるような気がします。*He thinks he's the world's strongest man.*「自分が世界最強の男だと彼は考えている」（SWAN 138.9）

【参考 (1)：無生物's＋形容詞最上級＋名詞】

Quirk: *A Comprehensive Grammar of the English Language* (1985) に収録されている例：*the world's best universities/This country's only university/Africa's first art festival/the cabinet's greatest mistake* (p.325.8)（only も最上級と同じ扱いを受けてい

ます）

② 離れて置かれている2つの最上級の形容詞（Japan's first と the greatest）に目を向けましょう。前者の Japan's は後者の the と同じ機能を持つ限定詞ですから the の併用はできません。（*the Japan's first anthology ...）（*は非文法的）

③ anthology[ænθάləd3i] (of poetry):「名詩選」

④ poetry: poem は可算名詞で1編の詩、歌。poetry は単数扱いで、集合的に、ある詩人・時代などの詩・歌全体を指します。machine（1つの機械）/machinery（機械類）にも同じことがいえます。

⑤ Japan's first anthology of poetry
5語入りカプセル（限定詞〔名詞の所有格〕＋形容詞＋名詞＋of＋名詞）

2-　**and, to over a millennium of critical opinion, the greatest.**

ここにもカマとカマの間に挿入句があり、この挿入句は副詞句で文（ここでは (Man'yōshū is) the greatest (anthology of poetry).）を修飾。

① to = according to:「…によれば」
「opinion, view などは *according to her opinion [view] とはいわず、in her opinion [view] というのがふつう」（AF）となっています。しかし原文の opinion は抽象名詞「意見」ではなく、具体的に「意見を持っている人たち」（研究者・学者たち）の意味なので (according) to が使われています。

② over = more than:「…より多く」

③ a millénnium of crítical opínion,
「一千年以上の批評的意見」ここでは万葉集の研究者・学者

270

たちを意味しています。a millennium ofが critical opinion を、critical が opinion をそれぞれ修飾し、5語入りカプセル（限定詞〔不定冠詞〕＋名詞＋of＋形容詞＋名詞）となっています。

④ critical opinion: 無冠詞、単数形ですから、具体的な意見ではなく、抽象化されています。

⑤ 最初の文とつなげて構文を整理してみると、
Man'yoshū is Japan's first anthology of poetry and (is) the greatest (anthology of poetry).となります。

3 **the works of Homer for the West,**

the works of Homer: ホメロス（紀元前8世紀ごろのギリシャの詩人）の作品、2大英雄叙事詩『イリアッド』と『オデュッセイア』が原著者の頭にあると考えられます。

for the West:「西洋に関しては」次のfor Chinaと対比。

4 ***The Book of Songs* for China,**

「中国に関しては『詩経』（中国最古の詩集)」

4- **it represents both the classical fount of poetry and a model of expressive energy never surpassed.**

① it = *Man'yoshū*

② rèprasént:「示す、表す」

③ both A and Bは成句「AもBも両方」。「詩の古典的源泉（A）またこれをしのぐものがなかった表現力の模範（B)」 both を見たら、少し離れていますが、andを探してください。

④ fount:《詩語》「…の泉、源」〈of＋名詞〉の形で続けます。

⑤ exprássive énergy:「表現しようとするエネルギー」

⑥ expressive energy (that has) never (been) surpássedとかっこ内を入れて解釈します。surpassedは過去形ではなく、過去分詞形（受動態）。

surpáss:「（量・大きさ・程度などにおいて）…に勝る」(AF)

9-   **..., which saw ...**

①　whichは関係代名詞の非制限用法（cf. 第1章 p.5【参考 (1)】）で先行詞はthe Asuka and Nara periods。

②　see:「（時、場所などが）…の舞台となる、…に遭遇する」

11-   **Apart from a few poems attributed to legendary times, and some others which may possibly ...**

①　a few poemsとsome othersとが対比されています。

②　(which are) attributed toはかっこ内が省略されていると考えます。

③　attribute A to B:「A（作品など）をB（特定作家／時代／場所）のものであるとする」　*This painting is attributed to Millet.*「この絵はミレーの作とされている」（AF）

④　(a few poems attributed to) légendàry times;「伝説の、つまり、歴史的に認められていない時代のものとされている数少ない歌」たとえば、4-5世紀の磐姫皇后や雄略天皇などの作とする伝誦歌を指すと考えられます。

⑤　may possiblyの組み合せに注意。cf. 第4章 p.108 確実性のスケール

13　**as late as the ninth century,**

「遅くも9世紀になって」　書き手が（主観的に）この時期を「遅い」と判断しています。

14-　**from the second quarter of the seventh century to the middle of the eighth.**

「7世紀の第2四半世紀から8世紀中期にかけて」

①　from A to B:「AからBへ」のかかわりに注意。

②　the second quarter of the seventh century: 7世紀の100年間を4等分にして第2の部分、つまり、「第2四半世紀」。626年から650年を指します。cf. 第1章 p.15 *1-*③

272

15- **The last specifically dated poem**

「特にはっきり日付が示された最後の歌」 大伴家持の万葉終焉歌には「（天平宝字）三年（759年）の春の正月の一日に（作る）」と書かれています。

18 **in twenty "books" (*maki*, or "scrolls").**

「20巻に」

「makiという日本語はつまり、『巻物』のこと」と説明しています。orは言い換えに使うor。上代の書物は巻子本であり、万葉集も例外ではなかったでしょう。著者は日本語のmakiを"books"と翻訳したことを断ったのだと思われます。

scroll:「巻物；（日本・中国などの）掛け軸」（AF） AFにはbook:「（長編の書物の内容を表す区分として）巻」（volumeは外形上の区分） という親切な解説があります。cf. 第7章 pp.233-234 9

18- **In them are represented over 400 named poets, and countless hundreds of others who composed the anonymous poems which make up more than half of the collection.**

倒置文

= Over 400 named poets, and countless hundreds of others who composed the anonymous poems which make up more than half of the collection are represented in them.

① 主語はA: over 400 named poetsとB: countless hundreds of others (=other poets)ですが、Bのothersはwho以下（composed the anonymous poems）によって、またpoemsはwhich以下（make up more than half of the collection）によって修飾されています。前置された副詞句（in them）+〈動詞（are represented）+主語〉の倒置構文の例です。

② in themを文頭に出したのは、themが直前の4,516 poemsを

指しているので、続けて置かれるほうが意味が理解しやすい
こと、倒置文にしなければ、副詞句（in them）は文末に置か
れ、them を指す4,516 poemsとは、2行以上に及ぶ長い主語
に阻まれ、遠く離されてしまうからです。

③ named poets「名前が記してある作者」は20行目の the
anonymous poems「作者不明」と対比して使われています。
anónymous: unknown by name（LDCE）「作者不明の」

④ 4行にもわたるこの長文の内容を要約すると「万葉集を構成
する4,516首のうち、名前の分かっている作者は400あまりに
すぎず、作者不明の歌が大半を占めている」となります。
the collectionは13-14行目のa collectionと同じ、実質的には
7-8行目の"the collection of ten thousand leaves"（万葉集）
を指しています。

21- **The variety is astonishing, ranging from the elegant
banquet verse of aristocrats to the "poems of the frontier
guardsmen" and the rustic "poems of the Eastland" in
provincial dialect.**

① The varíety is astónishing,　多様な階層と地域（天皇から防
人まで）から成る作者たちによる歌の多様性に言及しています。

② ranging from A to B:「（範囲が）AからBに及んでいて」後
置の分詞構文。副詞句として主文（The variety is
astonishing）を修飾している。分詞（ranging）の意味上の
主語は主文の主語（The variety）と同じ。cf. 第3章 pp.85-86
*1-*④, 第4章 p.103 *3-*②, p.109 *7-*③

　A: the élegant bánquet verse of áristocrats:「王族たちの優雅
　　な宴席歌」

　B: the "poems of the fróntier gúardsmen" and the rustic
　　"poems of the Eastland" in províncial díalèct.

274

ⓐ the "poems of the frontier guardsmen":「〈防人の歌〉」

ⓑ the rustic "poems of the Eastland":「田舎風の〈東歌〉」

ⓒ in provincial dialect:「方言で」

　序論は33ページにわたるものなので、冒頭の1ページ弱を引用し、解説しました。私たちが大まかに知っていると思っている知識が、どんな風に英語で伝えられるかを検証するのは大変興味深い作業ですね。易しくない英語でした。

＊＊＊＊＊＊＊＊＊

　さて、本題に取り掛かるときが来ました。私はこの本で扱われた49の歌（長歌からの抜粋、反歌、短歌）全体を資料にして、万葉集の日本語がどんな英語に変わっていくかを調べようとやみくもにノートを取り始めました。半分ほど進んだとき、このノートをまとめると1章ではなく、1冊の本ができてしまうことに気づきました。急遽49の歌の中から、私たち日本人に比較的知られている歌5編を選ぶことにしました。

　ご承知のように万葉集には通し番号、国歌大観番号が振られていますので、著者の用いた旧国歌大観番号を使って、5編以外の作品にも言及する余地を残すことにしました。

　引用語句の後の数字は旧国歌大観番号です。49編のすべての歌をこの章の中に写すことは、スペースが許しませんので、番号を記すのみにとどめ、読者の皆さんにはそれぞれ万葉集をご用意され、参照していただくようお願いいたします。文字の左肩に†の（「†天」のように）印のある語句は、〈ほかの歌のなかでの英訳例〉で扱うことを示します。

　なお、原著には「読み下し文および現代日本語訳は、主要参考文献として巻末に掲げた著作を参照のうえ、本書の刊行に際して著者

自身が作成した。」（p.viii）と付記されていますが、巻末（原著p.217）の「主要参考文献」を写すことは省略します。以下に選んだ5編の【歌】【現代日本語訳】【英訳】および【解説】のなかのグレー地の部分は、すべて原著からの引用・転載です。

1 【巻1・28】

《原著pp.16-17》
天皇の御製の歌

春過ぎて　夏来るらし　白妙の　衣乾したり　天の香具山

【（著者による）現代日本語訳】
春が過ぎて夏が来たらしい。白い布の衣が乾してある、天の香具山。（持統天皇、巻1・二八）

【英　訳】

Poem by the Empress

Spring has passed,
and summer seems to have arrived:
garments of white cloth
　　　　　　　　　　hung to dry
on heavenly Kagu Hill.

【解　説】
　ここでの「天皇の御製の歌」にあたる部分を「詞書」といいます。

（詞書）**天皇の御製の歌**：*Poem by the Empress:*

　天皇（持統天皇—女帝）：the Empress（emperorの女性形）日本語には女性形はないので、訳も「天皇」になっています。-essの女性形語尾は、第1章にダッチス（Duchess）という、雌犬がいたのを思い出してください。

春過ぎて：Spring has passed,

　　現在完了形が使われています。春が過ぎて、（その結果）今は夏が来た（らしい）。49編の歌の中でも現在完了で訳されている例が多くありました。

夏来るらし：summer seems to have arrived:

　① **summer seems to have arrived**

　　summer seems to arrive「到着する（現在形）らしい」の過去形。このような〈to have ＋過去分詞〉の形は完了不定詞と呼ばれ、文の述語動詞（ここではseem）より前の「時」を示します。cf. 第5章 p.167 9-①

　　(a) Summer seems to have arrived.

　　(b) ＝ It seems that summer arrived (has arrived).

　　(a)の文のような完了不定詞の時制は、(b)の文のように過去形または現在完了で書き換えができます。

> **《原著 p.19》**
>
> 　次の季節の到来はcomeでもいい。場合によって、arriveはさらにいい。
>
> 　そして「らし」という、その動きの表現をやわらげるような、最も日本語的な日本語。
>
> 　Summer has arrivedではなく、Summer *seems* to have arrivedとなる。季節の到来が目に見える鮮やかな描写によって証明されている、そのイメージの術を尊重するなら、

> Summer *appears* to have arrived
> と、思いきった訳をしてもいいかもしれない。

② しばしば言われているseemとappearの違いを学ぶことができます。一般的にはseemが主観的、appearが客観的と言われていますが、ここではseemよりappearのほうがいっそう「目に見える鮮やかなイメージが尊重される」と説明されています。

白妙の†衣：garments of white cloth

① 白妙：white cloth

cloth [klɔ́θ]:「Ⓤ（不可算名詞）（衣服の）布地、布」

dish cloth:「（皿洗い用の）ふきん」

clothes [klóu(ð)z]:「《複数扱い》衣服」

clothing [klóuðiŋ]:「《集合的》衣類、衣料」

② 衣：garments

garments＜gárment: *formal or technical* a piece of clothing「衣服の1点」（LDCE）〈フォーマル〉「形式ばった語」あるいは〈テクニカル〉「術語」は文体上の違いを示しています。衣服（clothing）に関する語のうち、万葉集の「衣」にはフォーマルな語が選ばれるのは当然であり、これからもフォーマルな語に多く出会うことになります。

乾したり：hung to dry = are hung to dry

「乾すために（香具山に）掛けられている」 hang（原形）の活用形（過去・過去分詞）を復習しておきましょう。

†天の香具†山：(on) heavenly Kagu Hill

《原著 p.18》
「天」の性質をもった美しい丘、heavenly Kagu Hill。

①「天の」は、地上の物では「香具山」だけに添えられる語で、香具山は天から落ちてきた山だという伝説によるからだそうです。（大岡信著『私の万葉集㈢』講談社現代新書 p.51 1993）

② 香具山：Kagu Hill　固有名詞（大文字の使用）。無冠詞である
　ことに注意。

〈ほかの歌のなかでの英訳例〉（かっこ内のページは原著）

衣
[衣〔きぬ〕= robe]

　robe: a long loose piece of clothing, especially one worn for
　official ceremonies「長くゆったりした衣服。特に正式な儀式に
　着用する」 *a priest's robes*「聖職者や法律家などの法服」
　(LDCE)；バスローブ（*bathrobe*）

　衣ならば：If you were a robe（仮定法過去）巻2・150（p.171）

天〔あめ〕

① [天 = heavenly]

　天雲：the heavenly clouds 巻3・321（不尽山を詠んだ歌）(p.43)

② [天 = heaven]

　天の原：the fields of heaven 巻3・289（p.31）

　天の海：the sea of heaven 巻7・1068（p.77）

　天より雪の　流れ来るかも：(is) this snow come streaming
　from the distant heavens? 巻5・822（p.69）

　天へ行かば：go to heaven 巻5・800（p.192）

③ [天 = firmament]

　天見る如く：the far firmament 巻2・168（p.133）

山

　「山」は'hill'と'mountain'に訳し分けられている。cf. 第2章 pp.62-
　63 3　舒明天皇「大和には　群山あれど　とりよろふ　天の香具山
　登り立ち…」　Many are the mountains of Yamato, but I climb
　heavenly Kagu Hill ...　巻1・2（pp.8-9）

（十九歳の秋、初めて香具山を見たとき）　実際の香具山
は、小さかった。mountain（山）よりも hill（丘）を少し
大きくしたくらいのものだった。

① ［山＝hill］

　　秋山我は：the autumn hills are for me 巻1・16（p.13）

　　春日の山：the hills of Kasuga 巻3・372（p.113）

　　［山＝hillsides］

　　（詞書）春山／秋山：the spring/autumn hillsides 巻1・16（p.13）

　　山を茂み：the hillsides being overgrown 巻1・16（p.13）

② ［山＝mountain(s)］

　　固有名詞の山の名は、hill と同様、無冠詞

　　此の山：these mountains 巻1・36（p.25）

　　山も越え来ぬ：the mountains I have crossed 巻2・131（p.157）

　　なびけこの山：mountains, bend down 巻2・131（p.157）

　　鴨山：Kamo Mountain 巻2・223（p.104）

　　三笠の山：Mikasa Mountain 巻3・372（p.113）

　　（詞書）龍田山：Tatsuta Mountain 巻3・415（p.91）

　　羽易の山：Hagai Mountain 巻2・213（p.135）

③ ［山＝mountainside］

　　秋山：the autumn mountainside 巻2・92（p.183）

2【巻3・318】

山部宿禰赤人の不尽山を望みし歌一首　その反歌

田児の浦ゆ　うち出でて見れば　真白にそ　不尽の高嶺に

雪は降りける

【現代日本語訳】

田児の浦から出て見ると、真っ白に、富士の高嶺に雪が降って
いたことだ。（山部赤人、巻3・三一八）

【英 訳】

Envoy to

Poem on viewing Mount Fuji

by Yamabe Akahito

Coming out
  from Tago's nestled cove,
I gaze:
  white, pure white
the snow has fallen
on Fuji's lofty peak.

【解 説】

（詞書）**山部宿禰赤人の不尽山を望みし歌一首　その反歌：**
Envoy to Poem on viewing Mount Fuji
by Yamabe Akahito

不尽山を望みし歌一首：*Poem on viewing Mount Fuji*
　① 不尽山：Mount Fuji　Mount は山名の一部として使う（cf. Mount
　　Etna, Mount Everest）。第2章 p.58 Stevenson の 'THE HAYLOFT'
　　第3スタンザにも Mount Clear, Mount Rusty-Nail など4つの山

の名前がありました。

② 望みし歌一首：Poem on viewing ...　on＋動名詞「…を見て」
view: *formal* to look at something especially because you are interested「〈フォーマル〉特に関心を持ったために何かを見る」（LDCE）

on:「《公式的》…するとすぐ、…の直後に」（AF）（動作を表す名詞や動名詞と共に）

③ その反歌：Envoy to (Poem ...)
énvoy:【韻律】「（バラードなどの）反歌」（AF）

> **《原著 p.144》**
> 「反歌」は英語でenvoy、もしくはフランス語式のつづりで envoiという。バラッドの最後についた短い「追連」のことだが、現代英語ではほとんど耳にしない古語である。「反歌」の直訳であるrepeating poem（繰り返す詩）よりは洒落た言い方で、西洋の文学史にかつてはあった用語なので使う。

第2章で扱ったStevenson: *A Child's Garden of Verses*の最後にも Envoysとして、To Willie and Henriettaをはじめとする6編の詩が収められています。Stevensonはenvoyというお洒落な言い方で6編の詩で詩集の最後を飾ったものと思われます。envoyはtoという前置詞と共に用いられることも分かりました。

田児の†浦ゆ　うち出でて†見れば：Coming out from Tago's nestled cove, I gaze:

① 田児の浦ゆ：from Tago's nestled cove
浦：cove「入り江、小さな湾」
nestled cove:「陸地に抱かれているように横たわっている入り江」　nestle:「抱き寄せる」（AF）

② うち出でて：Coming out ...,　分詞構文

③ 見れば：I gaze:

gaze: to look at something for a long time, giving it all your attention, often without realizing you are doing so「長い間集中して何かを観る。自分が観ていることに気づかないでいることが多い」（LDCE）

《原著 p.162》

何年経っても脳裏に鮮やかに残っているそのいくつかのことばの中に、「見れば」がある。…

　主体と風景を結ぶ「見れば」には、英訳するとき、lookより強いgazeを選ぶことが多い。

真白にそ：white, pure white

《原著 pp.36-37》

　見えなかった壮大なものが、見えてくる。…

　おどろきと畏敬の表現はすべて、「真白にそ」という一句にかかる。「にそ」＝「にぞ」は力強いことばなのだ。

　「真白にそ」は、はたして英訳できるのか。…もし「真白に」だけだったら、簡単である。pure whiteだけでいい。しかし、pure whiteには「そ」の力が出ない。

　…そしてあるとき、white, pure whiteという英語が浮かんだ。

　白に、真っ白に、純白に。…

　単なる強調ではなく、神体である山の「真白」さが視野に入った瞬間の、それを見る人の感情が、すこし、表わせた。

不尽の高嶺に　雪は降りける：the snow has fallen on Fuji's lofty peak.

《原著 p.37》
　その雪はどこに降ったのか？　富士の「高嶺」に。「高嶺」はただ high ではなく、高貴なる、崇高なるところであるとすれば、lofty peak。

① 不尽の高嶺に：on Fuji's lofty peak

　　lofty: *literary* lofty mountains, buildings are very high「〈文語〉lofty な山、建物は（空間での位置が）大変高い」(LDCE)

　　peak: the sharply pointed top of a mountain「尖った山の峰」(LDCE)

② 雪は降りける：the snow has fallen　現在完了形。雪が降った結果、今積もっている。

　　この歌は新古今集（675）と百人一首（4）では「田子の浦にうち出でて見れば白妙の富士の高嶺に雪は降りつつ」の形で採られていることはよく知られています。

〈ほかの歌のなかでの英訳例〉

浦

① ［浦＝cove］（固有名詞は無冠詞）

　　網の浦：Ami Cove　巻1・5（p.109）

　　真間の浦廻：Mama Cove　巻14・3349（p.117）

② ［浦＝bay］（固有名詞は無冠詞）

　　嗚呼見の浦：Ami Bay　巻1・40（p.47）

　　明石の浦：Akashi Bay　巻3・326（p.161）

見る

① ［見る＝gaze（動詞／名詞）］

　　（大宮処）見れば：Gazing on the ruins ...　巻1・29（p.21）

見れど（飽かぬ）：though I gaze on it 巻1・36（p.25）

見渡せば：Gazing out 巻3・326（p.161）

妹が家も（つぎて）見ましを：I would gaze upon your house 巻2・91（p.184）

振り仰けて：As I turn my gaze upward 巻6・994（p.166）

② ［見る＝view］

（詞書）望国したまふ：view the land 巻1・2（p.9）

国見をすれば：view the land 巻1・2（p.9）

③ ［見る＝look］

天の原　振りさけ見れば：Looking back on the fields of heaven 巻3・289（p.31）

（蘆りて）見れば：Looking around, (we saw you lying there ...) 巻2・220（p.99）

④ ［見る＝see］

一目見し（人の眉引）：(the trailing eyebrows of the woman) I saw but once 巻6・994（p.166）

若月見れば：(As I) see the crescent moon 巻6・994（p.166）

（詞書）屍を見て：when he saw a corpse 巻3・426（p.95）

（詞書）死人を視て：upon seeing a dead man lying among the rocks 巻2・220（p.99）

（初）月（白真弓　張りて）懸けたり：I see the moon suspended like ... 巻3・289（p.31）

（月の船）漕ぎ隠る見ゆ：I can see the moon ship disappearing ... 巻7・1068（p.77）

興味深いことに最後に挙げた3例すべて、SVOCの文型でCには分詞が使われています。seeという動詞の使用頻度を考えるうえで参考になります。

⑤ ［見る＝with＋名詞＋in one's eyes］

敵見たる　虎か吼ゆる：the roar of a tiger with prey in its eyes
巻2・199（p.127）　敵とは自分（虎）の餌食となる獲物（prey）
です。「その目に餌食の動物をとらえた虎」

3【巻3・328】

《原著 pp.56-57》
大宰少弐小野老朝臣の歌一首

あをによし　奈良の京は　咲く花の　にほふがごとく
今盛りなり

【現代日本語訳】
あをによし奈良の京は、咲いている花が輝くように、今、真っ盛
りである。（小野老、巻3・三二八）

【英　訳】

Poem by Ono Oyu, the Vice-Commander of the Dazaifu

The capital at Nara,

beautiful in green earth,

flourishes now

like the luster

of the flowers in bloom.

【解　説】
（詞書）**大宰少弐小野老朝臣の歌一首：**

Poem by Ono Oyu, the Vice-Commander of the Dazaifu

① 大宰少弐：vice-commánder of the Dazaifu「大宰府次官」

ちなみに大伴旅人が当時、大宰帥 commander of the Dazaifu
「大宰府長官」（cf. 巻3・344《原著》p.64）の役についていました。

② Ono Oyu, the Vice-Commander ...　名前のあとにカマが付き、
同格形で官名が続いています。

あをによし　奈良の†京は：The capital at Nara, beautiful in green earth,

① あをによし：beautiful in green earth,

『岩波古語辞典』に拠ると、「あをに［青土・青丹］《ニは土の
意》」とあり、追い込み項目として、「あをによし（青丹よし）」
が出ています。「［枕詞］《ヨシはよい意》。美しい青土を産する
意が原義で「奈良」にかかる」

この説明で英訳の根拠がよく理解できます。earth が「土」の英
訳であることも。

この奈良にかかる枕詞「あをによし」の英訳について、著者は
ここでは何も語っていません。しかし、原著第5章（pp.107-
123）で「枕詞は、翻訳ができるのか」という標題のもとに枕詞
の翻訳について論じています。cf. pp.306-308【枕詞について】

② 奈良の京は：The capital at Nara,

咲く花の　にほふがごとく：like the luster of the flowers in bloom.

① 咲く花：the flowers in bloom.

② にほふがごとく：like the luster of ...　luster：「輝き、光沢、つや」
（AF）

> 《原著 p.59》
> 「にほふ」は「光」という意味もあるので luster、「艶」
> になる。古代の都会人のことばの艶が、luster が、今も残

る。二十一世紀の英語にも、その艶は十分でるのだ。

著者は巻4・734の解説（p.167）のなかで、「最も完璧な日本語の一例として名作の中の名作に数えられている。」と前置きをして、大伴家持の「春の苑　紅にほふ　桃の花　下照る道に　出で立つ少女（巻19・4139）」を引用しています。

> 《原著 p.167》
> 重要な名詞、「少女」が、日本語では一番最後に現われてくる。しかし英語では、「下照る道に　出で立つ」という修飾のことばを自然に表わそうと思えば、その「少女」を一番最後にもってくることはほとんど不可能である。「春の苑　紅にほふ」は、翻訳の中でも最初の二行として成り立つ。The spring garden, / the lustrous crimson.
>
> 　しかしそれからは「少女」が英語の文法の中で現われてくるのは三行目になり、Girl who appears / standing on the path / beneath the garden of peach blossomsとなってしまう。
>
> 　「少女」の現われ方を歌った名作に対して、翻訳は、ただかぎりなく近づくことしかできないのである。

【感 想】

　「春の苑」の歌は私の家持の愛唱歌のうちの1つです。リービさんに指摘されてみると、「少女」が最後に現れるところにこの歌の生命が宿っていることがよく納得できました。今後「紅にほふ　桃の花」を目にしたときlustrous crimsonという英語をつぶやいてみたいと誘われます。

今盛りなり：flourishes now

《原著 p.59》

　「今盛りなり」が、もし経済だけでなく文化の絶頂を暗示しているのであれば、prosper よりも flourish がいい。

　… flourishes の方の「栄える」は、フランス語の la fleur、つまり「花」と同じ語源をもつ。…いわば「奈良の京は今、花している」というような響きをもって、原作の日本語と同じく自然の美しく明るい比喩が、「盛り」を意味する動詞の中につつまれている。

flourish：AF では語源として flour「花」+ ish「花が咲く（開く）」と記しています。「〈生物が〉よく育つ；繁茂する（thrive）」（AF）

【鑑　賞】

　リービ英雄さんによる英訳の21世紀の読者（私たちを含めて、英語で初めて万葉集を読む外国人たち）は、この訳からイタリア・ルネッサンス文化の中心地フィレンツェ（英語名は Florence: 原義で flourish とつながる）の都をも重ねて連想でき、日本語原文から二重の豊かさを味わう幸運に恵まれました。これは作者、8世紀の歌人小野老には予想できなかったこと。現代人が古典文学を読む醍醐味でもあります。

〈ほかの歌のなかの英訳例〉

京
みやこ

① ［京 = the capital］

　奈良の京に　召上げたまはね：call me to the capital at Nara 巻5・882（p.82）

　奈良の京し　思ほゆるかも：how my thoughts turn to the capital at Nara! 巻8・1639（p.82）

　京を遠み：the capital is far away 巻1・51（p.73）

京し思ほゆ：I think of the capital 巻17・4027（p.82）

（詞書）京を憶へる：as he ... remembered the capital 巻8・1639 （p.82）

② ［京師 = the capital］

（詞書）京師を思へる：recalled the capital 巻19・4142（p.81）

③ ［都 = the capital］

都の　大路思ほゆ：my mind turns to the broad avenues of the capital 巻19・4142（p.81）

4 【巻3・266】

《原著 pp.138-139》

柿本朝臣人麿の歌一首

淡海の海　夕波千鳥　汝が鳴けば　心もしのに　古思ほゆ

【現代日本語訳】

近江の海、夕波千鳥よ、おまえが鳴くと心も萎えて、古がしのばれる。（柿本人麿、巻3・二六六）

【英　訳】

Poem by Kakinomoto Hitomaro

Plover skimming evening waves

on the Ōmi Sea,

when you cry

**　so my heart trails**

> pliantly
>   down to the past.

【解 説】

（詞書）柿本朝臣人麿の歌一首： *Poem by Kakinomoto Hitomaro*

淡海の[†]海：the Ōmi Sea,

固有名詞として2つの名詞は大文字で始めています。琵琶湖を指すことは言うまでもありません。the＋seaにも着目しましょう。Kagu HillにもMikasa Mountainにもtheはありません。coveやbayにも。the＋名詞（自然界のもの）の問題は多岐にわたっているので、私たちが覚える必要はありません。出会ったときに意識するに留めておけばよいと思います。必要なときに辞書で調べられます。

夕波千鳥：Plover skimming evening waves

夕波千鳥：Plover skimming evening waves「夕波をかすめて飛ぶ千鳥」

skim: move along quickly, nearly touching a surface「水面すれすれにすばやく動く」 *seagulls skimming the waves*（LDCE）

「夕波千鳥」については、大岡信氏が「人麻呂にしてはじめてこの四文字に結晶させ得た美しい詩語」（『私の万葉集㊁』p.106）と讃辞を述べています。

Plover skimming evening wavesという1行の英語を読んで日本人の英語学習者としての私は、「夕波をかすめて飛ぶ千鳥」と解釈しました。しかしploverには冠詞がなく、複数形-sも付いていないことに違和感を持ちました。英和辞書を引いてみると、ploverには単複同形の形もあることが分かりました。果たして人麻呂は（彼自身は意識したはずはないと思いますが）1羽の千鳥

が鳴いた声を聞いたのでしょうか。それとも複数の千鳥が鳴いた声を聞いたのでしょうか。英語では想定しなくてはなりません。

《原著 p.140》

…「夕波千鳥」は、…中西進氏の『万葉集　全訳注』によると、「漢語的造語」である。あたかも一首の短歌の中に漢詩の一節が落ちているかのような書き方によって、島国の場所の描写に大陸的な重みが加えられている。とくにそのあとの、「ながなけば　こころもしのに」という、漢語からよほど遠い大和ことばの音が逆に生きてくるのである。

そのような音のヴァリエーションは、もちろん、外国語訳にそのまま復元することは不可能である。「夕波千鳥」という四つの漢字が生み出す効果は、せいぜい、on も in も the も使わないで、

　　　Plover skimming evening waves

という四つのことばの並びで、何とか響かせようと試みるしかない。

この短歌ほど、たった三十一文字の日本語を英訳するのに苦労したことは少ない。人麿がその三十一文字の中で、歴史的な時間の前での人間の心の動きを表わしていると感じたからだ。

汝が鳴けば：when you cry

ここで初めて you が現れて、英訳の最初の語、Plover が呼びかけの語であることが分かりました。これは文法的に重要なことです。英語にはありませんが「呼格」という格を持つ言語（たとえば古代ギリシャ語やラテン語）があります。それらの言語なら plover は「呼格」の形を持っていますから、3 人称単数の主語である誤解は初めから生じません。英語には文法的範疇としての格は主格、所有格、目的格しかありません。呼びかけの

名詞は無冠詞であり、そのため、3行目になって初めてPlover
に冠詞がないことが納得できました。改めて著者による【現代
日本語訳】をみると、「夕波千鳥よ」と呼びかけの語として訳さ
れていました。

†**心もしのに**：**my heart (trails) pliantly (down to the past.)**

《原著 p.141》

「しのに」は…中西氏の現代日本語訳では「しなえるよ
うに」となっている。ところが「しなえる」に相当する
droopingは「弱体化する」に近いニュアンスで、使いに
くい。そこで「しなやかに」に近いpliantlyが浮かんだ。

しのに：pliantly ＜ pliant [pláiənt]：（形）easy to bend without
breaking or cracking「（堅いものが）折れたり、ポキンと割れ
たりせず、柔軟に曲がる」（LDCE）

古†**思ほゆ**：**(my heart) trails (pliantly) down to the past.**

《原著 p.141》

「古思ほゆ」も、日本語独自の書き方である。古を思う、
のではなく、思われる。「私」個人が任意的に思っている
のではなく、ある必然性をもって古が思われる。

そのことを英訳で何とか表わすために、thinkという動
詞をはずして、「しなえるような」心の動きそのものを言い
表わしてみた。

① 古：the past

② 思ほゆ：(my heart) trails (pliantly) down (to)

思ほゆ：「自然に、思われる。ひとりでに思われてくる」（『古典
基礎語辞典』）

trail：「（雲・煙・かすみなどが）たなびく、長く跡をひく」
（Kenkyusha）　LDCEにもAFにも求めている意味は載っていま
せんでした。trailは「天雲も…たなびくものを」 the heavenly

clouds, ... hang their trailing. 巻3・321（p.43）；「雲居たなびき」 the clouds trail 巻3・372（p.113）；巻4・734の解説の中で引用された巻6・994「人の眉引」 the trailing eyebrows of the woman（p.166）などで使われています。

以上の例を参考にして「古思ほゆ」は「心が、長い時をかけて雲がたなびくように、いにしえに向かう」のような意味かと理解します。

「思ひ」を『岩波古語辞典』で調べると「胸のうちに心配・恨み・執念・望み・恋・予想などを抱いて、おもてに出さず、じっとたくわえている意が原義」とあります。①として、「胸の中で慕う。恋慕する」とあるので恋の意味があることが確認されました。また、上で引用した著者のコメントの中にも「think という動詞をはずして」とあるように、「思ふ」とthinkには意味が重なる部分があることは確かだと思います。

〈ほかの歌のなかの英訳例〉

海

　［海＝sea］

　　船の　跡無きごとし：a boat ... leaves no traces on the sea 巻3・351（p.51）

　　天の海に：On the sea of heaven 巻7・1068（p.77）

　　今は漕ぎぬ：(we) have this moment rowed out to sea 巻20・4363（p.121）

心

①［心＝heart］

　　太き心は　有りしかど　このわが心：Stout was my heart ... but now this heart 巻2・190（p.175）

②［情＝heart］

（詞書）惑へる情：a confused heart　巻5・800（p.193）

思ふ／ひ

① ［思／憶ふ　思ほゆ（る）／思ほす＝think (of)/thoughts（名詞）〈of〉］

 ⓐ 大夫と　思へるわれも：I who thought I was a brave man
  巻1・5（p.109）

 ⓑ うつそみと　思ひし妹：my wife, whom I thought was of
  this world　巻2・213（p.135）

 ⓒ つむじかも…と　思ふまで：we thought it a hurricane　巻2・
  199（p.127）

 ⓓ （詞書）山上臣憶良の大唐に在りし時に、本郷を憶ひ作りし歌：
  Poem by Yamanoue Okura when he was in China thinking
  of his native land　巻1・63（p.85）

 ⓔ （詞書）但馬皇女の…穂積皇子を思ひて御作りたまひし歌一首：
  Poem by Princess Tajima ... thinking of Prince Hozumi　巻
  2・114（p.153）

 ⓕ 間なく　京し思ほゆ：I think of the capital without a
  moment's rest　巻17・4027（p.82）

 ⓖ 奈良の京し　思ほゆるかも：how my thoughts turn to the
  capital at Nara!　巻8・1639（p.82）

 ⓗ 吾こそ益さめ　思ほすよりは（鏡王女）：do my thoughts of
  you, ... increase more than yours of me.　巻2・92（p.183）
  以上8例のうち、ⓔ但馬皇女thinking ofとⓗ鏡王女の項の
  my thoughts ofは「恋慕する」と解釈できます。ところが、
  英語think ofにその意味があることを示す辞書（英英・英和
  辞書）が手元にないことが分かり、愕然としました。私は以
  前からこの意味があることをずっと信じて疑わなかったから
  です。

② ［思ひ＝longing］

ⓐ 思ひそ焼くる　わが下心：(I) find my breast ... afire with longing 巻1・5 (p.109)（下心＝心の中）

ⓑ 夏草の　思ひ萎えて　偲ふらむ：she in her longing wilts like the summer grass 巻2・131 (p.157)（偲ぶ：「遠い人、故人などを思慕する」『岩波古語辞典』）以上2例とも恋の歌。

③ [思ふ＝long]

（詞書）児等を思ふ：my longing for my children 巻5・900 (p.201)

④ [思ひ＝yearning]

わが思ひ：these yearnings 巻4・734 (p.165)（大伴家持の坂上大嬢への返歌）恋の歌

⑤ [思ふ＝recall]

（詞書）京師を思へる：recalled the capital 巻19・4142 (p.80)

京を離れた家持が遠くから京に帰りたい思いを詠んでいます。

⑥ [思へ（か）＝desire]

いやましに　思へか君が（忘れかねつる）：the rising of desire 巻4・617 (p.155) 恋の歌

⑦ [思ほゆ（る）＝mind/thoughts turns to ...]

都の　大路思ほゆ：my mind turns to the broad avenues of the capital 巻19・4142 (p.81)

奈良の京し　思ほゆるかも：how my thoughts turn to the capital at Nara! 巻8・1639 (p.82)

⑧ [思ほゆる＝recall]

《原著 pp.166-167》

振り仰けて　若月見れば　一目見し　人の眉引　思ほゆるかも　As I turn my gaze upward / and see the crescent moon, / I recall the trailing eyebrows / of the woman I saw but once. 巻6・九九四（大伴宿禰家持の

初月<ruby>初月<rt>みかづき</rt></ruby>の歌一首）

＊　＊　＊

　思い出すのではなく「思ほゆる」、現代の日本語で言え
ば「思われる」。英語では主語の「I」はどうしても避けら
れないが、イメージが記憶から滲むような日本語のやわら
かさを表わすには、remember よりも recall の方がいいだ
ろう。和歌の歴史の中でも女性美を描き出した最も妙なる
比喩の一つである。

⑨［<ruby>憶<rt>おも</rt></ruby>ふ＝ remember］

　（詞書）冬の日に雪を見て京を憶へる：as he watched the snow
falling on a winter day and remembered the capital　巻8・
1639（p.82）　大伴旅人の大宰府からの望郷歌です。
remember/recall のニュアンスの違いを学びました。

　以上恋の歌のなかで「思ふ／ひ」の英訳として thinking/thoughts
of（①－ⓔⓗ）、longing（②－ⓐⓑ）、yearning（④）の3語（句）が得ら
れました。
　では「恋ふ／ひ」はどんな英語で訳されているでしょうか。
恋ふ／ひ
①［恋ひ＝ longing (for)］
　　ⓐ 妻恋ひに　（鹿鳴かむ）：(the deer cries) in longing for his
　　　wife 巻1・84（p.149）
　　ⓑ（詞書）男子、名古日を恋ひし歌三首より：from poems
　　　longing for his son Furuhi 巻5・904（p.209）
　　ⓒ 御津の浜松　待ち恋ひぬらむ：The pines ... wait for us in
　　　longing 巻1・63（p.85）
②［恋ふ＝ long］

わが恋ふる　君：Lord whom I long for 巻2・150（p.171）
③［恋ふ＝yearning］
　妹に恋ふらく：like the yearning for my wife 巻3・326（p.161）

　恋の歌のなかで「恋ふ／ひ」の英訳で使われたのはlonging（①－ⓐⓑ、②）とyearning（③）の2語にすぎず、どちらも「思ふ／ひ」でも使われた語でした。

　結局loveという英語で訳された恋の歌は皆無でした。原著第7章のタイトルにも「loveとは違った、恋の表現力」（p.147）と書かれています。

　ここで『岩波古語辞典』の「恋ひ」の項目を引用しておきます。《ある、ひとりの異性に気持も身もひかれる意。「君に恋ひ」のように助詞ニをうけるのが奈良時代の普通の語法。これは古代人が「恋」を、「異性ヲ求める」ことでなく、「異性ニひかれる」受身のことと見ていたことを示す》

【 **参考 (2)：breast / mind** 】

　breast/mindと「恋」の関連について考えてみたいと思います。

　breastは 軍王 （いくさのおほきみ）の歌、「思ひそ焼くるわが下心」の英訳　find my breast afire with longing（巻1・5〈p.109〉）のなかで使われています。「わたしの心が恋に燃えているのが分かる」と和訳できます。

breast: *literary* where your feelings of sadness, love, anger, fear etc come from「〈文語〉悲しみ、愛、怒り、恐れなどが生じる場所」（LDCE）

　上の定義にはfeelings of …, love, … とありますから、breastが「恋」と関わりがあることは明らかです。

　mindは但馬皇女の「穂積皇子を思ひて」*thinking of Prince*

*Hozumi*の詞書から始まる「秋の田の…」（巻2・114〈p.153〉）のなかで使われています。

《原著 pp.152-153》

秋の田の　穂向の寄れる　片寄りに　君に寄りなな　言痛ありとも（但馬皇女、巻2・一一四）

As the ears of rice/on the autumn fields / bend in one direction, / so with one mind would I bend to you, / painful though the gossip be.

現代語訳：秋の田の、稲穂が一つの方向になびくように、私もひとすじにあなたになびきたいのです、たとえ人に噂されようとも。

mind: a person's (way of) thinking or feeling (LDELC)

　「秋の田の…」が恋心をうたっていることは全体をみて明らかです。with one mind は「ひとすじの恋心で」と和訳できそうです。LDELC の mind の定義に feeling があるので、恋の feeling と考えてよいと思います。

　結論として breast/mind 両者は「感情の生じるところ」／「心のあり方」と考えられます。

ここで著者の「恋」に関するコメントに耳を傾けましょう。

《原著 pp.148-151》

秋去らば　今も見るごと　妻恋ひに　鹿鳴かむ山そ　高野原のうへ（長皇子、巻1・八四）

【英訳】 When autumn comes / these mountains are always / as we see them now, / where the deer cries / in longing for his wife— / on these high fields.

　…

　「恋」という日本語を英語でどう表現するか。…

「恋」を「love」と訳して、the deer cries his love for his wifeとかthe deer cries with love for his wifeにしても、英語としては成り立つ。

しかし、何かが違う。鹿は妻への愛を鳴き声で宣言しているというわけではない。「恋」は「love」のように結ばれている状態を指しているということでもない。この鹿は、「妻」がいっしょにいないから淋しげな鳴き声を上げているのではないだろうか。

あこがれ、片思い、離れたところにいる者へ人知れず恋い焦がれる、そのような感情は、古代の日本語で情熱的な表現を得た。結ばれたことのよろこびよりも別れたことの悲しみ、あるいは最初から会えないことの淋しさという内容を表わすことに、古代の歌人たちは燃えていたようだ。

それらはすべて「love」の現象だが、「恋ふ」という動詞は、英語のto loveを意味しないし、英語のto loveのかげが濃い現代日本語の「愛する」とも違う。

「恋ふ」ということばは、「love」よりも、むしろ英語のlonging（思慕）やyearning（切望）に近いのではないか。

「妻恋ひ」につき動かされて鳴くこの鹿も、

the deer cries

in longing for his wife

とした方が、鳴き声の所以をより正確に伝えているだろう。…

生きているもの同士の間に生まれる最もプライベートな感情を表わした歌表現の中で、「恋ふ」という動詞と「思ふ」という動詞が、数かぎりない文脈の中で、何度も何度も現われてくる。中には「love」と訳してもかまわないものもある。しかし、「love」と訳してしまえば何かが違うと

> いう場合の方が、圧倒的に多い。
>
> 　現代の「love」でも「愛」でもない、もしかしたら現代
> の表現よりも人間の心の本当の動きを表わしている、古代
> 日本語の関係性の動詞に出会うたびに、ぼくは考えさせら
> れたのである。

【感想】

　長い引用でしたが、著者のこの説明に私は感動し、息を呑みました。詩人の繊細、鋭敏な感性を通して万葉集の歌の神髄の一部に触れることができたように感じます。また、『岩波古語辞典』の「思ひ」や「恋ひ」の解説（p.294／298で引用）を読んで、自分の中に無意識のうちに古代人から引き継がれた日本人の心情の本質がはっきり見えたことは大きな収穫でした。

　また、長い間私の中でうずくまっていた英語のloveということばの違和感（理解できないという焦燥感）から解放されていくのを感じました。著者が訳者として、「何かが違う」と2度繰り返したそのたびに、私は強い共感を持ちました。心情などは古今東西、人間全体に普遍的な現象と思いがちですが、その表現方法は言語によって規制されたものになるのでしょうか。興味深い問題です。これまでに引用した「著者のコメント」を含めて、この種の説明を私たち日本人の英語学習者はどこかで受ける機会があったでしょうか。まさにこのリービ英雄さんの『英語でよむ万葉集』こそ、私にとってその得難い機会を与えてくれた本でした。引用が長くなるのも必然の結果だと思います。

5 【巻5・894】

《原著 pp.204-205》

神代より　言ひ伝て来らく　そらみつ　倭国は　皇神の
厳しき国　言霊の　幸はふ国と　語り継ぎ
言ひ継がひけり……

【現代日本語訳】

神代より言い伝えてきたことに、そらみつ倭の国は、皇神の厳しい
国、ことばの霊力に恵まれた国と語りつぎ言いついできた……

（山上憶良、巻5・八九四）

【英　訳】

from

Poem wishing Godspeed to the Ambassador to China

It has been recounted

down through time

since the age of the gods:

that this land of Yamato

is a land of imperial deities'

　　　stern majesty,

a land blessed with the spirit of words . . . .

【解　説】

（詞書）好去好来歌一首　より：

from *Poem wishing Godspeed to the Ambássador to China*

　　これは長歌の冒頭部分です

　　《原著 p.190》

> 　同じ国の同じ古代の同じ日本語の詩歌なのに、…奈良時代が始まると、…万葉集が次つぎとおどろくような新しい展開を見せるのである。
>
> 　まずは憶良の詞書におどろく。人麿の時代に、「好去好来歌」のような詞書がはたしてあっただろうか。

《原著 pp.206-207》

　（帰化人ではなかったかという…憶良は）漢文脈に通じて数かずの漢詩を残している…

　「唐の　遠き境」へ向かう遣唐使に「よく行ってよく来る」、つまり無事に向こうへ渡り無事にこちらへ帰朝することを願う、儀礼の香りのする歌である。憶良の何首かの長歌に見えるような漢文的な詞書、「好去好来」は、そのまま英語にはならなくて、「遣唐使に対する道中安全の祈願の歌」というオケージョンの説明になるのは残念だが、ここではオケージョンがきわめて重要である。島国から大陸への出発なのだから。

好去好来歌：無事に行って帰ってくることを祈る歌。「好去好来」は中国の俗語。（伊藤博校注『万葉集　上巻』角川ソフィア文庫）

Poem wishing Godspeed to the Ambassador to China
「遣唐使へ旅の無事を祈る歌」

① wishing:「祈っている」（現在分詞）でPoemを修飾。cf. *We wish you a Merry Christmas and a Happy New Year!*（LDCE）

② Godspeed: *spoken old use* used to wish someone good luck especially before a journey「〈話しことばで古い用法〉特に旅の前に人に道中の無事を祈る」（LDCE）「《古風》（旅の）安全祈願」（AF）

③ the Ambassador to China:「遣唐使」

† **神代より：since the age of the gods:**

① 神代：「我が国の神話の中で、神武天皇以前の、神の治めた時代」
（『岩波国語辞典』） 特定の神たちであるから the gods。

②「より」：since　since は現在（過去）完了形の文とのセットで使われます。「…以来ずっと」

言ひ伝て来らく：It has been recounted ... that ...

① It は仮主語、実主語は that 以下、（そらみつ）倭国は2つの国すなわち、皇神の厳しき国と、言霊の幸はふ国であること。

② 現在完了受動態で、「(that 以下のこと＝主語) が（神代より）語られてきた」と現在までの継続の意が表されています。
recount: *formal* to tell someone a story or describe a series of events「〈フォーマル〉だれかに物語を語る、ひとつづきの出来事を述べる」(LDCE)

③ 伝て：down through time「時を通じて（長年の間）伝え継がれ」
down は副詞で「後の世代へ」。*The jewels were passed down through family.*「その宝石類は先祖代々受け継がれた」(LDCE)
through: 前置詞「…を通じて」
time:「時の経過、歳月」

④ （伝て）来らく：「ずっと伝えられて来たことには」
「ら」には存続の意味があり、「らく」には「来たことには」と引用文を導く機能があります。

そらみつ　†倭国は：this land of Yamato is (A,B)

① this land of Yamato is A(a land of imperial deities' stern majesty), B(a land blessed with the spirit of words) の構造を確認してください。

② そらみつ＝「虚空見つ・天満つ　国名「大和」にかかる枕詞」(『岩

波古語辞典』)

③ 倭：「日本国の他称」（『岩波古語辞典』）

皇神の　厳しき国：a land of imperial deities' stern majesty

皇神：「すめろき【天皇・皇祖】天皇」（『岩波古語辞典』）

① deities': アポストロフィは所有格を示す。

deity [díːəti]: a god or goddess「神または女神」 *the deities of ancient Greece*「古代ギリシャの神々」（LDCE）

② imperial deities:「皇神」

③ (a land of) stern májesty:「(皇神の) 厳とした威厳」(を持つ国)

言†霊の　幸はふ国と：a land blessed with the spirit of words ....

a land blessed with the spirit of words:「神から言霊という恩恵を与えられた国」

① 言霊：the spirit of words

② 幸はふ：be blessed with: to have a special ability, good quality「特別な能力、すぐれた特質に恵まれた」（LDCE）

bless:「…に（…の）恩恵［才能］を授ける（with名）」（AF）

語り継ぎ　言ひ継がひけり……

ここは冒頭の「(神代より) 言ひ伝て来らく」と意味的に重複しているので、訳されていません。冒頭2行は両者を併せて訳されていると考えてもいいでしょう。

《原著 p.207》
　…「言霊の　幸はふ国」にはぴったりの英訳はないのかもしれない。
　　ことばそのものの霊力が活発な、その霊力の幸がある、国……

　　　a land blessed with the spirit of words
　　magical power of words も考えられるが、ことばの魔術的な力、と内容をほぼ正確に伝えているだけに、説明的な

響きが強い。

〈ほかの歌のなかの英訳例〉

神

① ［神 = god］

　霊(くす)しくも　座(い)ます神かも：this occultly dwelling god! 巻3・319
（p.39）

　（うつせみし）神に堪へねば：(As the living) cannot defy the
gods 巻2・150（p.171）

② ［神 = deity］

　八百万(やほよろづ)　千万神(ちよろづがみ)：the eight million deities, the ten million
deities 巻2・167（p.132）

国

　［（倭）国 = land］

　大和の国：This land of Yamato 巻1・1（p.3）　the land of
Yamato 巻1・2（p.9）

　甲斐の国　駿河の国：the lands of Kai, ... and Suruga 巻3・319
（p.39）

　（詞書）石見国：the land of Iwami 巻2・131（p.157）

霊

　［霊 = spirit］

　霊(たま)きはる　命：his life, that swelled with spirit 巻5・904（p.209）

【 枕詞について 】

　『英語でよむ万葉集』の第5章は「枕詞は、翻訳ができるのか」と
いうタイトル（p.107）のもとに興味深い記述が見いだされます。こ
こで私たちもこの問題について考えてみたいと思います。まず、著
者は山部赤人の長歌（巻3・372 p.112）「春日を(はるひ)　春日(かすが)の山の　高座(たかくら)

の　三笠の山に　朝去らず　雲居たなびき　容鳥の　間なくしば鳴
く……」を引用し、地名につく枕詞について述べています。

《原著 pp.114-115》

　万葉集の長歌には、ときどき、「枕詞―地名、枕詞―地
名」といった連結表現がうかがえる。

　　　春日を　春日の山の　高座の　三笠の山に

　地名につく枕詞には、翻訳しにくいものがある。…掛こ
とばのように音によってつながる場合は、とくにむずかし
い。春日をカスム、カスガの山、高座のミカサ、ミカサ
の山は、…直訳することはほとんど不可能なのである。

　しかし、これらの枕詞がなければ、春日も三笠も、単な
る地名となる。この清らかな長歌の歌い出しも、単なる地
名の羅列になってしまう。枕詞をはずして翻訳すると、
among the hills of Kasuga, / on Mikasa Mountain...とい
う平坦な文章に落ちる。枕詞は、多少無理をしてもなるべ
く訳出せよ！

> Among the hills of Kasuga,
>
> where the spring sun is dimmed,
>
> on Mikasa Mountain,
>
> like the crown
>
> on a lofty altar
>
> (the clouds trail every morning
>
> and the halcyon's cry never ceases....)

　地名を冠したイメージの魔術を、何とか表わしたとこ
ろ、枕詞があるがゆえに地名が生きる、という真理がよく
分かってくるのだ。

（現代日本語訳）
春の日のかすむ、春日の山の、高座の御笠のような三笠の
山に、朝ごとに雲がたなびき、容鳥が間断なくしきりに鳴
く……

（英訳の歌（p.115）は5行で終わっていますが、かっこ内の
2行（p.113）と現代日本語訳（p.112）は読者の便宜のため筆
者が原著から補いました）

【解説】

春日を　春日の山の：Among the hills of Kasuga, where the spring sun is dimmed,

春日：「［枕詞］春の日のかすむことから同音を持つ地名「かすが」
　　　にかかる。この枕詞によって地名「かすが」に「春日」の字
　　　をあてるようになった」（『岩波古語辞典』）

　　　この枕詞を春の日のかすむことから where the spring sun is
　　　dimmed,と英訳したことが分かります。

高座の　三笠の山に：on Mikasa Mountain, like the crown on a lofty altar

高座の：「［枕詞］天皇や高僧などが座る高座の上には天蓋（御蓋）
　　　　があるので、同音の地名「三笠」にかかる」（『古典基礎語
　　　　辞典』）

　　　　天蓋を the crown、高座を a lofty altar と訳したものと思わ
　　　　れます。

朝去らず　雲居たなびき：the clouds trail every morning

　① 朝去らず：「毎朝」every morning

　② 雲居たなびき：the clouds trail (cf. p.293)

容鳥の　間なくしば鳴く……：and the halcyon's cry never ceases....

　① 容鳥：「《カホと鳴く声からでた名かという》春、野山や水辺で

鳴く鳥。カッコウか」（『岩波古語辞典』）halcyon

② 間なくしば鳴く：

ⓖ 間：「（時間的に）連続して生起するものの途絶え。すきま」（『岩波古語辞典』）

ⓗ 間なくしば鳴く：(the halcyon's) cry never ceases....

ⓘ しば：〈屢〉「度数の多い意。たびたび」（『岩波古語辞典』）

【感 想】

原歌で意図された掛詞が翻訳できないからこそ、枕詞の翻訳では地名が生きるということが理解できました。枕詞の翻訳が歌全体にどんな効果をもたらすかは「あをによし奈良の京」【巻3・328】（cf. p.287）の例から、すでに私たちにはおなじみです。ほかの歌の枕詞の翻訳例についても、もっと書きたいのですが、スペースの制限上、残念ですが次の機会に譲らなければなりません。

【第8章の終わりに】

著者は序文にあたる「世界文学としての、万葉集」のなかで、「最古の時代の、最高の日本語の文学表現が、翻訳という鏡に映ったとき、もう一つの姿を披露するかもしれない。世界文学としての万葉集を、今、日本の読者に問えば、また新たな発見があるかもしれない。そのような希望をもって、『英語でよむ万葉集』という日本語の本を、ぼくは書いてみたのである」（p.iii）と締めくくっています。

全49編のなかのたった5編からだけでも「リービ英雄さんによる英訳という鏡に映されたもう一つの万葉集」を私たちは「新たに発見した」と言えるのではないでしょうか。

索引

1. 数字はページ、太字のものは特にその項目が詳しく扱われていることを示す。
2. 符号⇒は「その項をみよ」の意。

310

あとがき

　全章を書き終わったあとの実感として、テクストの量を増やし過ぎ、量に負けて質が疎かになったという反省があります。もう1つ、自分の力量不足を自覚しながら、独自の考えを展開することに、あまりに大胆に挑戦したことが心に懸っています。しかし、これらの難点はいずれも読者の方々からの遠慮のないご批判を受けて、改善の余地が残されているとも考えられます。何も反響がなければ、そもそも出版の意義はありませんから。

　第3章で扱った Lucy M. Boston は私が特に敬愛する作家です。イギリスに留学中、お住まいの The Manor に伺ったことがありました。バスで The Manor のある村に降り立った瞬間、ボストンさんの作品に描かれている夢のような世界が現実にあることが不思議に感じられ、足が地に着かない、ふわふわとした浮上感を意識しながら歩きました。ボストンさんは庭仕事をしながら私を待っていらっしゃいました。後から聞いた話ですが、初めての訪問者にはいつもそうなさるそうです。ご本人にお会いしてからも夢心地で、バラの花入りのお茶を親友のエリザベス・ヴァラコットさんとご一緒にいただき、ご著書2冊とご丹誠のオールドローズをお土産にいただいて帰途につきました。

　ボストンさんの思ったより大きな体格、大きな手が私には意外でしたが、著作から感じていたものをはるかに超える、繊細でありながら強靭な感受性と、極めて上質な知性が静かに湛えられているのを実感しました。ボストンさんを真に理解するためには彼女の知性に達していることが条件だ、と私は常々感じています。これは永久に到達で

316

きない夢ですが、近づくことは可能です。また、彼女の作品を読むたびに強烈な喜びが与えられる新しい発見があるのは幸せなことです。

　ボストンさんの没後、ご子息の建築家で、ボストン作品のほとんどの挿絵を担当なさった、今は亡きピーターさんと、夫人ダイアナさんが、ボストンさんを語る会と、彼女のパッチワーク作品の展覧会を開くために、数度にわたり来日、講演されました。その折、通訳としてご一緒できた時間を嬉しく思い出します。The Manorは現在一般に公開され、ダイアナさんが管理しておられます。

　第4章で扱ったPhilippa Pearceさんにもご自宅でお目に掛かる機会がありました。第4章の短編を含む短編集に注と解説を付けた小冊子『フィリパ・ピアス傑作短編集』（南雲堂、1994）刊行の準備中だった私の質問に答えてくださるため、わざわざご自身で車を運転し、短編の中の数々の舞台へ案内してくださいました。とても謙虚で優しい方でした。今回版権の使用を許諾していただいたご長女のSally Christieさんに感謝いたします。

　第1章のpatty-panの挿絵は長年の友人小高健吾氏が資料の乏しいなかをご苦労をいとわず描いてくださいました。お礼申し上げます。

　第8章では『英語でよむ万葉集』から多くの転載を快く承諾してくださったリービ英雄さんに深く感謝いたします。また、同書を使用するにあたりご協力いただきました版元の岩波書店さんにもお礼申し上げます。

2021年5月
長沼 登代子

編集協力　笠原仁子

装　幀　盛川和洋

長沼登代子

慶應義塾大学文学部（英語・英文学専攻）卒業。ロンドン大学教育学部（EFL - 外国語としての英語 - 専攻）（MPhil）。慶應義塾高等学校、同女子高等学校で英語担当、同大学文学部で英語学担当。共著：『現代人のための英語の常識百科』（研究社出版）『英語学概論』（慶應義塾大学出版会）『コロンバス・イングリッシュ・コース』（中学校英語検定教科書）（光村図書出版）、訳書：『リビイが見た木の妖精』（岩波書店）、共訳：ロバート・マクラムほか『英語物語』（文藝春秋）、注釈書：『フィリパ・ピアス傑作短編集』（南雲堂）

英語万華鏡
——多彩なテキストから日本語との差異を意識して学ぶ

2021年6月25日　初版発行

著　者　長沼登代子

発行者　松田陽三

発行所　中央公論新社
〒100-8152　東京都千代田区大手町1-7-1
電話　販売 03-5299-1730　編集 03-5299-1740
URL http://www.chuko.co.jp/

DTP　株式会社 創樹
印　刷　大日本印刷
製　本　小泉製本